新法則化シリーズ

「道徳」授業の新法則

企画・総監修
向山洋一

編集・執筆
TOSS「道徳」授業の新法則 編集・執筆委員会

学芸みらい社
GAKUGEI MIRAISHA

巻頭言

「新法則化シリーズ」刊行にあたって

日本教育技術学会会長　TOSS代表
向山洋一

　1984年「教育技術の法則化運動」が立ち上がり、日本の教育界に「衝撃」を与えた。「法則化」の本は次々と出され、ベストセラーになっていった。向山著はいずれも万を超える売り上げを記録した。教育雑誌も6誌が創刊された。そして20年の時が流れ、法則化からTOSSになった。
　誕生の時に掲げた4つの理念はTOSSになった今でも変わらない。
1　教育技術はさまざまである。出来るだけ多くの方法を取り上げる。（多様性の原則）
2　完成された教育技術は存在しない。常に検討・修正の対象とされる。（連続性の原則）
3　主張は教材・発問・指示・留意点・結果を明示した記録を根拠とする。（実証性の原則）
4　多くの技術から、自分の学級に適した方法を選択するのは教師自身である。（主体性の原則）
　そして十余年。TOSSは「スキルシェア」のSSに加え、「システムシェア」のSSの教育へ方向を定めた。これまでの30年の歩みは、はっきりと足跡を残し、書籍、雑誌は、数えきれない。常に教師の技量向上を目指し、またその時々の教育界のテーマをとらえ課題提起してきた。理念通りに歩んできたから多くの知の財産が残ったのである。
　今年度、TOSSは新しく大きな一歩をふみ出した。新しい地を切り開いた。
　第一は、新法則化シリーズ（全教科）の発刊である。
　第二は、毎月1000円程度の会費で利用できる「TOSSメディア」の発進である。
　これまでの蓄積された情報をTOSSの精鋭たちによって、2015年発刊されたのが「新法則化シリーズ」である。
　教科ごと、学年ごとに編集されている。日々の授業に役立ち、今の時代に求められる教師の仕事の仕方や情報が満載である。ビジュアルにこだわり、読みやすい。1人でも多くの教師の手元に届き、目の前の子ども達が生き生きと学習する授業づくりを期待している。TOSSメディアと共に教育界を大きく前進させるだろう。
　教育は不易流行である。30年の歩みに留まることなく、新しい時代への挑戦である。教師が学び続けることが、日本の教育を支え、前進させることである。
　授業は流転することを求める。授業の変化の中に存在する。教師の教授活動と児童の学習活動の往復運動こそが授業である。
　教師は、教師の教授活動と児童の学習活動の向上を永久（とこしえ）に求め続ける。

まえがき

1　TOSS道徳の主張

　全国で多数の道徳授業が展開されている。
　校内の研究授業から文部科学省指定校の公開授業まで、様々な機会に様々な先生方が道徳授業を提案している。
　そのほとんどの授業が同じなのである。みんな同じ組み立てで授業をしている。資料がかわっているだけである。
①自分の経験を思い出す。
②資料を読む。
③人物の気持ちを想像する。
④どうしたらいいか話し合う。
⑤教師の説話を聞く。
　これで、効果があるならそれでもいい。
　子どもたちは、けなげに教師の期待する答えを必死で探そうとする。「めあて」を読めば、授業をうけなくても最後の感想に何をかいたらよいかはわかってしまっている。
　このような授業によって、子どもたちの道徳心は養われているのだろうか。
　学校の中で繰り返される、もはや犯罪と言わざるを得ないいじめ・校内暴力・学級崩壊……数え上げればきりがないほどの乱れよう。
　それでも、この様式は続けられた。
　新しい指導要領では、それらの反省に立ち、指導内容の厳選・指導方法の工夫が明文化され謳われているが、現場の授業はかわってきているのだろうか。
　従来の様式に縛られたままではないか。
　子どもに大切な生き方を教え、子どもがかわる道徳授業を創造していくべきである。
　本書では、「具体的な場面を通して」「断固として教える」道徳授業を提案していく。
　TOSS道徳の生き方の5原則を整理し、学校の年間指導計画にそって授業を行えるように、新学習指導の道徳の徳目に分類している。
　これにより、年度途中でも授業の入れ替えがやりやすくなるであろう。
　ありきたりの資料を読んで、予定調和の感想を言わせる授業から脱却しよう。
　道徳の授業を経て子どもたちがかわっていく、そのような手応えを感じられる授業をおこなってもらいたい。

　　　　　　　　　　　　　　　新法則化シリーズ　道徳担当　河田孝文

目次

巻頭言 …………………………………………………………………… 2
まえがき ………………………………………………………………… 3

第1章　生き方の5原則

(1) 生き方の5原則とは ……………………………………………… 6
(2) 「相手のことを心から考えよう」を教える授業 ……………… 8
(3) 日本人は世界で一番好かれていることを子どもに教える授業 … 10
(4) 「まず自分にできることをしよう」を教える授業 …………… 12
(5) 「先人に学ぼう」を教える授業 ………………………………… 16

第2章　日々の授業

(1) 副読本を効果的に扱う道徳授業のコツ
　①授業の流し方 ……………………………………………………… 18
　②感想の書かせ方 …………………………………………………… 21
　③道徳資料の作り方
　　（1）文書資料 …………………………………………………… 24
　　（2）映像資料 …………………………………………………… 27
(2) 教材との向き合い方
　①見せ方1つで授業が変わる！　教材提示のイロハ …………… 30
　②困った時はこの発問　～多様性を認め、討論が始まる～ …… 34
　③道徳ノートを活用する …………………………………………… 37
　④ソーシャルカルタを活用した授業 ……………………………… 39
(3) 様々な授業の形態
　①体験を取り入れた授業　～江戸しぐさから○○しぐさを考える～ … 42
　②ボランティアの授業
　　目の不自由な人への介助の方法がわかる「アイマスクの授業」… 47
　③エンカウンターを用いた道徳授業
　　自然と協力し合うようになる「ペーパータワー」…………… 50
　④スキル型の道徳授業　どの子も納得！
　　わくわく言葉を脳科学で示す！ ………………………………… 53
　⑤モラルジレンマ型道徳授業 ……………………………………… 59

第3章　学年別道徳授業

(1) 第1学年及び第2学年
　①心のノートで、「ならぬは、ならぬ」を教える ……………… 62

②他の人とのかかわり
　　　「ありがとう」のスキルを体験しながら学ぶ授業 ……… 65
　　③他の人とのかかわり
　　　楽しく活動！　自然に身につく生き方５原則
　　　「相手のことを心から考えよう」……………………………… 74
　　④集団や社会とのかかわり
　　　友達を温かく応援できる子が育つ「Libera」の授業
　　　〜運動会でリレー選抜に選ばれなくても〜 ………………… 80
（２）第３学年及び第４学年
　　①子どもたちが憧れるエピソードの資料を活用する ………… 84
　　②エピソードで語る授業 …………………………………………… 87
　　③他の人とのかかわり「人を思いやる優しさ」を教える授業 … 90
　　④自然愛から木育につなげることで広がりが生まれる ……… 94
　　⑤自然や崇高なものとのかかわり
　　　命の授業〜いのちのバトン「相田みつを」の詩を使った授業 …98
　　⑥集団や社会とのかかわり
　　　兵庫県の道徳副読本のトピックを扱った授業 ……………… 102
（３）第５学年及び第６学年
　　①自分に関すること　夢をかなえるために ………………… 106
　　②他の人とのかかわり
　　　（１）みすゞさんを通して伝えたい心 ……………………… 111
　　　（２）本当の思いやりについて考える授業 ………………… 114
　　③自然や崇高なものとのかかわり
　　　（１）アジアの子ども達に学ぶ ……………………………… 117
　　　（２）よみがえれアホウドリ ………………………………… 121
　　④集団や社会とのかかわり
　　　（１）東日本大震災の授業 …………………………………… 124
　　　（２）地雷を通して平和について考える …………………… 128

第４章　「いじめ」をしない、させないコツ

（１）心に訴える「いじめ抑止」の授業　〜わたしのいもうと〜 … 132
（２）いじめの事実をもとに「行動」を判断させる ……………… 134
（３）法的根拠をもとにする「いじめ抑止」の授業 ……………… 137
（４）強い心を育てる「いじめ抑止」の授業　〜わたしのせいじゃない〜 … 143
（５）強い心を育てる「いじめ抑止」の授業 ……………………… 146

(1) 生き方の5原則とは

1　不易流行

　戦後、教育はどのような子どもたちを育てようとしてきたのか、または我々教師はどのような子どもたちを育てなければらなかったのか、それは旧教育基本法に明記されている。

> 【改正前】
> 教育は、人格の完成をめざし、平和的な国家及び社会の形成者として、真理と正義を愛し、個人の価値をたつとび、勤労と責任を重んじ、自主的精神に充ちた心身ともに健康な国民の育成を期して行われなければならない。

　教育基本法に書かれている文言は、なるほどと言えるものばかりである。
　しかし、我々が、子どもたちに道徳的な価値観を教育していく時、どのような状態が「人格が完成されている」と言える状態なのか、何が真理で何が正義なのか、非常に悩ましい問題に直面する。
　ひとまとまりに戦後と言っても、戦後を通して、真理も正義も価値観として常に確定されてはいなかった。
　極端に、個性を重んじた時代もあれば、協調性を重んじた時代もあった。
　価値観は、一定方向に向かっているというよりも、振り子のように右に振れたり、左に振れたりを繰り返してきたとも言える。
　江戸時代においては、儒教的価値観を追求していた儒学者たちが、「本来の日本人とは？」という命題に突き当たり、日本の古典にその答えを求めるために国学が興った。
　我々教師も、いつまでも時代によって変化する価値観に振り回されてばかりはいられない。
　江戸時代の国学者のように、日本人の精神の根本を探していく時がきたのだ。
　時代によって変わってきた道徳的な価値観のもととなるものを追求し、最後には「本来の日本人とは」という、国学者が追求したものと同じ命題を「心の教育」という面から追求していかなければならない。

2　生き方の5原則

　本来の日本人としての生き方。それは何かを、我々は確信を持って言えるだろうか。子どもに話せるだろうか。TOSS道徳は、人間としての生き方の原理原則を主張する。

1　相手のことを心から考えよう。
2　弱いものをかばおう。
3　世のため人のためになることをしよう。
4　まず自分にできることをしよう。
5　先人に学ぼう。

　どのような時代においても、ぶれない人として貫くべき生き方の指針である。
　向山洋一氏が何万冊にわたる書物と教育実践の中から搾り出した生き方の核である。
　学習指導要領「道徳」の内容項目は、16～22もある。とは言え、生き方の5原則はきわめてシンプルである。子どもたちは覚えることができる。これでは足りないのか。そんなことはない。
　例えば「1　相手のことを心から考えよう」を追求しようとするならば、2つの視点が必要になる。

---

①ルールをまもる。
②気持ちのよい行動をする。

　個性の尊重を重視する社会の傾向の中では、わがままや自分勝手がまかり通ってしまう。だからこそ、低学年のうちから確実に身に付けておくべきことが、この「1」である。
　このように、生き方の5原則の1つ1つの項目を掘り下げ、それをきちんと教えていくことで、子どもたちが人として生きていくために必要な道徳心を養うことができるのだ。
　生き方の5原則は、学習指導要領の内容をすべて束ねていると言える。

(河田孝文)

（2）「相手のことを心から考えよう」を教える授業

1　5つの授業のタイプ
　河田孝文氏は、道徳の授業を5つに分けている。

①自己反省型　②スタンス型　③スキル型　④討論型　⑤体験型

　自己反省型とは、自分の生活を振り返ることから授業に入るスタイルである。「協力したことがあるかな？」「どんな時に協力したかな？」と自分の生活体験の反省から入る授業だ。スタンス型とは、偉人の生き方を教える授業である。例えば野口英世のエピソードから、努力を教える授業だ。スキル型とは、大事なスキルを教える授業である。靴のそろえ方、あいさつの仕方などを実際に練習させるのだ。討論型は、「正しいか正しくないか」などについて討論をする授業である。体験型は、ボランティア活動などを行い、相手のことを考える授業だ。いくつか紹介する。

2　討論型　「手品師」
　道徳の副読本に「手品師」がある。あらすじは以下の通りだ。売れない手品師にチャンスが巡ってくる。すぐに大劇場に来るように電話があったのだ。しかし、彼は1人の男の子のためにチャンスを断る。男の子に、手品を見せてあげる約束をしていたからだ。
　次のように授業した。5年生の実践である。

説明1　「先生が読みます。」教師が読む。子どもは副読本を見ながら聞く。
発問1　「登場人物は誰ですか。」　A君「手品師、男の子、友人。」
発問2　「手品師の行動は正しかったのですか。」
指示1　「ノートに正しい、正しくないと書きなさい。」
　　　　挙手で人数を確認する。私の学級では、半分半分であった。
指示2　「そう思った理由をノートに書きなさい。」2学期末に実施した。児童には、5分程度で、ノート1ページぶんの意見を書かせた。
指示3　「1ページぶん書けた人は、黒板に書きなさい。」

| | 第1章　生き方の5原則 |

　黒板に書くときは、要点だけを書くように指導している。ノートに1ページ書いたことを、抜粋して書かせるのだ。黒板は事前に「正しい」「正しくない」に2等分しておく。黒板が子どもたちの意見で埋まる。黒板の意見を子どもたちに読ませてから、討論に移る。私の学級で出た意見は、次のような意見だった。
「手品師は正しいです。男の子との約束を守ろうとしているからです。」
「でも、夢がかなうチャンスだったのですよ。夢のほうが大事じゃないですか。」
「それは違います。約束のほうが大事です。ずっと待っている男の子のことを考えてください。」
　討論は、盛り上がった。チャイムが鳴る5分前に、感想を書かせた。

3　スキル型　はさみの渡し方

　低学年での実践である。はさみを教師が見せる。子どもたちは、「わぁ！はさみ持ってる！」と言っていた。片方の手に、学級のマスコットであるカエルの人形を持った。
説明1　教師「はさみをカエル君に貸してあげます。」
　はさみの刃を向けて渡す。「あー‼　いけない‼」と子どもたちは叫ぶ。
「どう、先生、上手でしょう。」とニコッと教師はほほ笑む。「だめ！　だめ！」
「いいじゃん。渡したよ。」「だめ！　渡す時は、こっちを向けるの！」
「え‼　そうなの！」「先生なのに、おかしい‼」
　子どもたちは熱狂していた。
「そうかあ、みんなかしこいなあ。刃を向けたらいけないんだ。どうして？　理由は？　お隣に言いなさい。」
　子どもたちは、口々に「危ないからだよ！」と言っていた。
説明2　教師「では、今度は正しく渡すよ。」
　刃を教師のほうに向ける。子どもは、そうそう、とうなずいている。
「ほらよ！」と大きな声で渡した。その瞬間、「いけない‼」の大合唱。
「え‼　刃を向けてないでしょう。」「だめえ！　ほらよ、はダメ‼」
「ええ。なんて言えばいいの？」「どうぞ、とか。」
　教師は思いっきり褒めた。
「すごいねえ。すごいねえ。」

　このあと、子どもたち同士で渡す練習をさせた。

（林　健広）

（3）日本人は世界で一番好かれていることを子どもに教える授業

1　3つのポイント

　世のため、人のために行動する。このことを教えるためには、3つのポイントがある。1つ目が、「実在」の人物を扱うこと。2つ目は、「世のため、人のために行動している」人物を扱うこと。3つ目は、その人物の生き方の「原理原則」を抽出すること。この3つのポイントから、以下の授業を作った。地雷除去に向けて行動している雨宮清さんである。小学6年生に実践した。

2　地雷除去を行う雨宮清さん

説明1　地雷は、少しでも触れると、こうなります。※爆発する映像を流す
指示1　感想を。「怖いです。」
説明2　地雷の博物館と呼ばれている国があります。
　　　　それはカンボジアです。
　　　　※カンボジアと日本が載った地図を子どもに提示する。
　　　　※カンボジアで地雷の被害にあった人の写真を3枚見せる。
指示2　感想を、ノートに書きなさい。
説明3　この地雷をすべて無くそう、そう思った日本人がいます。雨宮清さんです。※雨宮清さんの写真を提示する。
説明4　雨宮さんはショベルカーを販売する人でした。最初は地雷について……何も知りませんでした。火薬のことも……何も知りませんでした。
説明5　会社の人に相談します。どうか地雷除去をしてほしい、と。
発問1　会社の人、賛成したと思いますか、反対したと思いますか。
指示3　賛成？　反対？　※挙手させる。
説明6　大反対です。無理です、と。ぼくたちの会社は、ショベルカーを売る会社で、地雷とは全く関係ない仕事をしているんですよ、と。それに、僕たちは小さな会社です。田舎の会社です。できるわけないですよ。
発問2　みんなが雨宮さんなら、反対する会社の人に、何と言いますか。
指示4　近くにいる者同士で相談させる。「それでもやりたい。」「どうにか協力してくれないか。」

	第1章	生き方の5原則

説明7　雨宮さんは、こう言いました。田舎の小さな町工場でも国際貢献をするための道がある。世界の地雷と戦わせてほしい、と。
指示5　感想をノートに書きなさい。
説明8　地雷をどのように除けるのか見てみましょう。※以下、動画を流す。
指示6　地雷を除けることについて、感想を書かせる。
説明9　時間も、お金もかかります。さらに地雷を除けようとして失敗することもあります。つまり、命や片手をなくしてしまうこともあるのです。
説明10　雨宮さんは、別の方法がないか考えました。安全で、速く、地雷を除ける方法を。
発問3　みんななら、どんな方法を考えますか。
指示7　近くにいる者同士で相談しなさい。
説明11　実際にはこうしました。※ショベルカーが地雷を除去する映像を流す。
指示8　感想を。
説明12　しかし、地雷の衝撃はすごく大きく、ショベルカーはすぐにボロボロになります。雨宮さんは、ショベルカー販売の仕事が終わってから、地雷除去の実験を繰り返しました。夜遅くまで、地雷に耐えられるショベルカーを作ろうとしたのです。
説明13　そしてようやく完成しました。カンボジアにショベルカーを運びます。本当に地雷があるところにショベルカーを進めます。
　　　　※成功した映像を流す。
　　　　ただ、雨宮さんはこの時の爆音が原因で、片方の耳が聞こえなくなりました。今でも聞こえないのです。
指示9　感想をノートに書きなさい。
説明14　毎日毎日、雨宮さんは研究したのです。寝る間をおしんで、何度も何度も火薬をつかって実験したのです。しかも、自分のお金を使って。
発問4　雨宮さんは、どうしてそんな行動ができたのでしょうか。
指示10　※指名して答えさせる。
説明15　「今世界中でいろんな機械を作っているけど、ほとんど使いものにならない。だけど、俺は日本人として、日本人の誇りとしてね、やってあげようと思っていました。」と雨宮さんは言いました。
指示11　雨宮さんから学んだ生き方を書きなさい。　　　　　　　（林　健広）

（4）「まず自分にできることをしよう」を教える授業

1 目標を立て自分で取り組む

　学校生活の中では、自分のめあてなど目標を書く場面がたくさんある。しかし、目標を立てただけで、終わってしまうこともしばしばみられる。
　目標に向かって自分ができることを見つけ取り組んでいくことは、とても大切である。
　この授業は向山洋一氏が七夕の時に子どもたちに語った内容を一部変更して追加した。

2 授業の実際

発問　目標や夢をもっている人。

　発表できるのであれば子どもたちに発表をしてもらう。
・スポーツ選手になること
・字が上手になること
・逆上がりができること
・勉強ができるようになること

発問　目標や夢を叶えるために何か自分ががんばったことがありますか。

　発表ができる子には発表してもらう。

説明　『メンタル・マネージメント』という本があります。ここにはオリンピックで金メダルを取るための秘訣が書いてあります。オリンピックで金メダルを取るには実力も大切ですが、それだけでなく心の持ち方も大切です。 　金メダルを取る人、勝者はやはり心の持ちようが違うそうです。

第1章　　　　　　生き方の5原則

> 発問　この本には勝者になる、要するに自分の夢・願いをかなえるにはこのようなことをしたらよいよ、ということが書いてあります。
> 願いをかなえるためにすることとは、どんなことだと思いますか。

　予想でよいのでノートに自分の考えを書かせる。その後発表させる。

> 説明　この本には3つのことが書かれています。
> ①目標をはっきり決める、
> ②それを紙に書き、
> ③すぐに行動を始めること。
> この3つだそうです。
> またある会社の社長さんはこんなことを言っています。
>
> 成功の秘訣は1つしかない。
> それは、
> やるべきことをすぐにやる人だ
> ということです。
> ふつうはやるべきことを先延ばしにしたり、やらなくてもいいことをやっているものです。
> 社長さんの考えと『メンタル・マネージメント』に書かれている内容はつながる部分がありますね。

> 説明　今からみんなは目標を書きますが、目標や願いを書くということは実は昔からされていました。

> （七夕の写真を見せる）
> 説明　七夕です。七夕では自分の願いを短冊に書きます。この行事に参加しことのある人は？

> （絵馬の写真を見せる）
> 説明　絵馬です。お願い事を絵馬に書いて神社の境内に奉納します。これらは昔の人の知恵です。

> 説明　願い事を書くというのは意味があることなのです。七夕のように「夢」や「願い」を「紙に書いて」祈ることを大切にする人は、成功する可能性が大きいのです。
> 　これから先、自分の願いや夢を心に浮かべ何かに書いていくということを大切にしていってください。
> 　人生は、大きな夢を追い続けることが大事です。心の中のどこかに夢をえがいておくのです。

　この後、授業の感想を書かせたり、目標を書かせたりしていく。

3　努力の大切さを知る

　がんばってもなかなか成果がでないということがある。
　しかし、そのような時にこそ子どもたちに努力の大切さ、がんばることの大切さを教えていくことが大事である。
　がんばること、努力すること、それを可能にするには、まず「自分なら何ができるか」「何をがんばることができるか」など、自分でできることを振り返ることが必要である。

4 授業の実際

> 発問　努力ってどんなことですか。

子どもたちに意見を言ってもらう。
- がんばること
- 一生懸命やること
- ずっと続けること

> 発問　努力をしたことがありますか。

努力をしたことがあるという子どもに発表をしてもらう。

> 説明　今から小学校１年生が書いた「努力のつぼ」という作文を読みます。

「子どもの作文珠玉集№1『子どもを変えた"親の一言"』」（明治図書出版）に掲載されている「努力のつぼ」のお話を読む。

読んだ後、感想を書かせ発表させる。

> 説明　みんながやるいろいろなことそれぞれに、努力のつぼがあります。
> 自分が努力をすればそのつぼに「努力」という水がたまっていきます。このつぼに「努力」がたまって、つぼからあふれたとき、はじめてできるようになります。
> そしてこのつぼの大きさは人によって違います。小さいつぼの人もいれば、大きいつぼの人もいます。また自分ではどのくらいつぼに「努力」がたまっているかわかりません。
> でもそこで「努力」を続けた人が、望んだことをできるようになるんです。もしかしたら今できていないことでも、あと一滴、「努力」をしたらできるようになるかもしれませんよ。

子どもに授業の感想を書かせて授業を終える。

（南谷智昭）

（5）「先人に学ぼう」を教える授業

1　先人を取り上げる

河田孝文氏は、道徳の授業について、次のように言う。

> 道徳授業は生き方を教えなければならない。

生き方を学ぶために、先人を取り上げることが、子どもにとって、とてもわかりやすい。

また先人でなくとも、昨今の好例としてイチロー選手がいる。日米の野球界で大活躍をしている。彼のたくさんの言葉が、多くの書籍で紹介されている。

子どもの頃のエピソードを、それらの書籍を通して知ることができる。そのエピソードを読み聞かせるだけで、子どもたちの心に響く。

2　TOSSランドで指導案を入手できる

授業をどのようにすればよいか。それについて考える人は、TOSSランド（http://www.tos-land.net/）の道徳のカテゴリーから、指導案を入手することができる。

- 東京ディズニーランドから学ぶ　　　　　　　　　　No.2210049
- 努力の天才「イチロー」に学ぶ　　　　　　　　　　No.6708253
- 志村けんさんから学ぶ　　　　　　　　　　　　　　No.6440077
- 石川遼さんから学ぶ　　　　　　　　　　　　　　　No.6005922
- 北島康介選手が小学生の時の作文でする道徳　　　　No.8141091
- レーナマリアに学ぶ　　　　　　　　　　　　　　　No.6036956
- 大平光代さんの授業　　　　　　　　　　　　　　　No.2210014
- 桑田真澄投手の生き方から「裏の努力」の大切さを教える　No.5709706
- 伊能忠敬の生き方を通して　　　　　　　　　　　　No.7538275
- 洞下実社長から学ぶ　　　　　　　　　　　　　　　No.2210111
- 星野富弘さんから学ぶ生き方　　　　　　　　　　　No.2008113
- 道徳資料「六千人の命のビザ」　　　　　　　　　　No.9774727

| 第1章 | 生き方の5原則 |

- 黒柳徹子さんのエピソードから「生きる力」を伝える語り　　No.2320443
- いっこく堂から学ぶ　　No.2210104
- 葛飾北斎の生き方に学ぶ　　No.1919478
- 日野原重明さんから学ぶ　　No.2210322
- 中田厚仁さんの生き方から学ぶ　　No.7875752
- 野口英世から学ぶ、「いじめに負けずに生きる姿」　　No.1157052

　イチロー選手についても、いくつかの実践が載っているので、TOSSランドで検索して、自分にあった指導案を探すとよい。また、作者宛にメールを送ると、コンテンツを借りられる場合がある。

3　副読本の実践

　東京書籍刊の小学4年生の副読本の中に、「ナシの実」という資料がある。ここにはアンリ・ファーブルの幼い頃のエピソードが載っている。この資料をもとに授業をした。

　副読本を用いた授業では、資料を教師が範読し、子どもたちには感想をノートに書かせ、発表させている。

　授業では、次のような感想が出た。

「アンリは、なかなか言えなかったけれど、自分から正直に言えたからよかったと思います。」

「アンリは、あやまりにいけたからよかったと思いました。」

「アンリといっしょにあやまりにいったお父さんはやさしいと思いました。」

「アンリのお父さんは、おこるのではなくて、さとすように言って、アンリが自分で気づいたのでいいと思いました。」

　ほとんどの児童が、アンリが正直にあやまったことについて発表していた。

　この資料から、生きるうえでは、「あやまちをしてしまったら正直にあやまることが大事である」ことを学べると述べ、授業を終えた。

（岸　義文）

（1）副読本を効果的に扱う道徳授業のコツ
①授業の流し方

　準備の時間は5分。それでも子どもは授業に熱中するという河田孝文氏の道徳実践がある。副読本を使って、しかも、そんな夢のような授業が実現できることに驚いた。大きな流れは次のとおりである。

```
1  題材を読み取る。　　（10分）
2  感想を書く。　　　　（5分）
3  感想を交流する。　　（15分）
4  感想を取り上げる。　（5分）
5  再び感想を書く。　　（5分）
```

　授業は40分で組み立ててある。どこかの活動が膨らんだ時のために、余裕を持たせてある。もしも、時間が余れば、最後の感想を発表させる。
　それでは詳細を紹介する。

1　題材を読み取る（10分）
　まずは、副読本の題材を読み聞かせる。自分で読ませてもよいが、クラスの中には読むことが苦手な子どももいる。だから、まず、教師が読み聞かせてやって話の流れをつかませる。
　続いて、子ども自身に音読させる。音読することによって思い込みの部分がかなり修正される。高学年ならばこれで一通り題材を読み取ることができるが、低学年であればさらなる詰めが必要となる。国語と同じで、「登場人物」と「主人公」を確認するのである。
　さらに、主人公が何をした話なのかを確定しておく。これぐらいやって、やっと低学年は話の全体が見えてくる。

2　感想を書く（5分）
　道徳ノートを用意して、それに感想を書かせる。
　副読本の空白でもよいし、プリントなどでもよいが、道徳の教科化に先取り

第2章　日々の授業

してノートを用意させることをお勧めする。年間35時間の道徳の授業が終わった時には、日記帳に勝るとも劣らないノートが出来上がる。そこには、その時にしか書けない自分の思いが書き込んであるからだ。これは保護者にも喜ばれる。

　さて、感想を書くと言っても、なかなか書けない児童もいるだろう。そこで、いくつかの手立てが必要となる。

　例えば次のような手立てがある。

- 隣同士で話をさせる。
- 箇条書きにさせる。
- 先生に相談させる。
- 例示をする。

　ここまでやれば、ほとんどの子どもは感想を書き始める。
　低学年なら、さらに次のような問いを付け加える。

- 主人公がよかった所は何かな。
- 主人公がいけなかった所は何かな。

　これならば、1年生の子どもでも感想を書くことができる。

3　感想を交流する（15分）

　せっかく多様な感想が出てくるのだから、色々な考え方に触れさせたい。
　そこで、感想を黒板に書かせる。
　全員に書かせたいが、全部を書かせることは不可能なので、「感想の中で最も大切な一文だけ黒板に書きなさい」と指示しておく。どのクラスにも一文を選べない子どもや一文だけでは意味が伝わらないという子どもがいる。「一文にするのが難しい場合は先生の所に相談に来なさい」と指示し、子どもたちが書いている間にアドバイスを与え、黒板に感想が書けるようにする。
　書いた感想は順に（例えば黒板の右側から）発表させる。時間があれば質疑応答を行う。慣れたクラスであれば討論もできるだろう。

4　感想を取り上げる（5分）

　題材によって指導すべき「価値」がある。その「価値」に関わる感想や意見を取り上げ、評価する。評価することで、教えるべき「価値」が教室にシェアされるのである。もちろん、「価値」は教師が変更しても良いのではあるが、その場合は道徳の年間計画を変更することになる。道徳推進教員の許可が必要なので、事前に申し出をしておかなくてはならない。

5　再び感想を書く（5分）

「価値」をはっきりさせたところで、授業の感想を書かせる。ここで書かせる感想は、友達の意見を聞いてより深まった考えや、新しく気付いたことなどを書く。書く量が少なくても1時間でノート1ページ、多い場合は3ページぐらいとなる。これは、1年間でちょうどノートを1冊使いきるペースである。

6　授業の準備

　授業の準備を全く行わなくてもできないことはないが、5分間で2つのことはやっておきたい。

　1つ目は、指導すべき「価値」の確認である。指導書や目次などに書いてあるので必ず確認したい。

　2つ目は、教材の音読である。子どもの前で読み聞かせるので、小さな声でも1回は読みとおしておきたい。

　以上のように、授業の流れが確定していると授業全体が安定する。

　まず、子どもが安定する。いつ何が起こるかわからない状況で受ける授業は、それはそれで楽しいかもしれない。しかし、見通しがもてないと不安を感じる子どもも多く存在する。だから、授業の流れを確定させておくことは、子どもに優しい行為となる。

　そして教師が安定する。毎日6時間の授業を行う教師は、1つの授業の準備に何十分もかけられない。しかし授業の流し方を確定させておけば、その日の朝に副読本を開くだけで授業ができる。時間を節約できれば、その分、子どもの日々の生活に向き合う余裕ができる。その結果、落ち着いた学級経営がなされるようになる。

（奥田嚴文）

（1）副読本を効果的に扱う道徳授業のコツ
②感想の書かせ方

「感想を書きなさい」

安易に使ってしまう言葉であるが、子どもにとってはハードルが高い場合がある。感想を書けと言われても、何を書けばよいのかわからないという子どももたくさんいる。前項でも述べた感想の書き方は、次のとおりである。

1　隣同士で話をさせる。
2　箇条書きにさせる。
3　先生に相談させる。
4　例示をする。
5　主人公がよかった所を問う。
6　主人公がいけなかった所を問う。

これをさらに詳細に紹介する。

1　隣同士で話をさせる

鍛えられたクラスならばあまり必要のない方法である。しかし、大人でも自分ひとりで決断したり、いきなり発表したりすることには抵抗がある。

書いたり発言したりする前に少しだけでも話をしておくと、考えがまとまり表現しやすくなるものである。多様な考えを表出させる際には重要なパーツであると言える。

また、意見が滞った時や、空気が重くなった時などに雰囲気を変えることができるので、様々な場面で使える教師の業であると言ってよいだろう。

2　箇条書きにさせる

作文が苦手な子どもは多い。

長く書くことに抵抗を感じるのである。

そして上手く書くことに抵抗を感じるのである。

道徳の授業での感想は、長さや上手さを求めているのではない。だから、箇

条書きをさせれば十分なのである。

3　先生に相談させる

「3行書けた人は、ノートを先生の所に持ってきなさい」と指示し、よほどのことがない限りは○をつけていく。（例えば、人の道に外れたようなことを書いた場合は諭す必要がある。）続いて次のようにつなげる。

「まだ先生に見せていない人、1行も書けてなくてもいいから先生の所に持ってきなさい」

　向山洋一氏の有名な指示の1つである。

　持ってこさせるのは指導するためではない。○をつけて励ましたり、書けないという子どもにアドバイスを与えたりして、全員が感想を書けるようにするためである。

　まずは、全員を授業の土俵に上げるために先生に相談に来させ、感想が書けた状態を作ることが大切である。

4　例示をする

　作業の説明は言葉だけではなかなか伝わりにくい。作業を説明すると子どもの状態は次の3つに分かれる。説明でやり方がわかってしまう子、勘違いをして作業を進める子、やり方がわからず困っている子である。これらを放置しておくと授業が混乱してしまう。感想を書く場面でも同様である。

　そこで、例示が必要となる。例示をすれば勘違いをしていた子どもは作業を修正し、困っていた子は作業を始めるようになる。

　感想を書かせる場合の例示の仕方はいくつかある。

　1つ目は、教師が例示をするという方法である。作業させる前に「例えば～のようなことを書くといいんですよ。」と示す。

　2つ目は、子どもの書いたものを早目に示すという方法である。「○○さんは、～って書いてあるね。いい書き方だね。」と紹介したり発表させたりする。

　3つ目は、1つ目と2つ目を組み合わせるという方法である。説明をした後で「例えばどんなことを書きますか」と問う。子どもが答えると、「そうそう、例えばそういうことを書けばいいんだよね。みんなもやってごらん。」という具合である。

4つ目は、書けた子に板書させるという方法である。困っていた子どもたちは、黒板に様々な意見が書いてあるので、それらを参考にして自分の感想を書いたり、写したりする。

　上記のように全体に例示するという場合もあれば、個別にそっと例示をする場合もある。

　児童の実態や教室のその時々の状況に応じて、組み合わせや方法を変化させることができる。

　いずれにしても、例示をすることは、感想を書きあぐねている子どもをサポートする効果がある。

5　主人公がよかった所を問う

　低学年、特に１年生では「感想を書きなさい」と指示するだけでは書けない子どもの方が多い。例示をすることでも書けるかもしれないが、もう少しサポートしたい。それが、
「○○（主人公）のよかった所は何ですか」
という問いを発することである。

　この問いであれば、副読本に線を引くという作業で代替できる。文字を書くのが苦手な児童も線を引くことなら簡単にできる。

6　主人公がいけなかった所を問う

　低学年の道徳では、好ましい行動をする主人公が出てくる話と、好ましくない行動をする主人公が出てくる話がある。話に応じて、いけなかったことを問う場合もある。

　面白いのは、両方が混在する話である。

　子どもによって意見が分かれるのである。ある子どもは「いいことをした」と言い、ある子どもは同じ部分を「悪いことをした」と言うのである。

　また、全然意図しなかった箇所を答える子どももいる。

　このような意見の食い違いが見えた時に、話し合いの価値が生まれる。

（奥田嚴文）

(1) 副読本を効果的に扱う道徳授業のコツ
③道徳資料の作り方　（1）文書資料

1　文書資料の作り方の2つのパターン

　道徳の資料を作るには、大きく分けると2つのパターンがあると考えている。
　ひとつは、文章を読んで考えを広げていくパターンである。
　もう1つは、文章を読み進めていくなかで考えが揺さぶられていくパターンである。
　特に、1学期は、前者のパターンを数多く行い、子どもたちが参加したくなる授業の素地を作りたい。

2　副読本を使った道徳の失敗経験

　道徳の教科書に書かれていることで、子どもたちには知っておいてほしいことは、たくさんある。だから、読み聞かせをするだけでも半数の子どもは満足する。
　しかし、授業であるがゆえに、発問・指示で授業を組み立てる必要もある。その時に失敗は起きる。
　教師の発問・指示が不明瞭で、何度か問い返すうちに発問の内容が食い違っていくような場合が、それである。
　そのような場合はやがて、子どもたちから
「先生、なんて答えてほしいんですか。」
という質問が出るようになる。
　こんな場面を何度か体験させてしまうと、子どもたちは教師のことを冷めた目で見るようになる。そして、残りの授業時間をどう凌げばよいかわからずに立ち往生する。
　さらに教師は、口の中の嫌な渇きを体験することになる。
　そして、道徳の授業など無理してやらなければよかった、と思うようになる。
　かくして、学級のルールが崩れ、騒がしくなり、暗い雰囲気の教室になっていく。
　これは私が、10年前に経験した実体験である。この時は、「状況を打破するのは自分しかいない」と自作資料に挑戦した。

それでも、やはり同様のことが起きた。その原因は、何かと考えた。
　1つは、子どもが資料を読んで感覚的には大事な内容だと感じても、自分の経験や内部情報とリンクさせることが難しいことである。
　もう1つは、発問が不明瞭なことである。教師が問いかけるたびに、問いかける内容が微妙に違うので、子どもたちは考えることが「面倒だ」「つまんない」「やりたくない」と思ってしまうのだ。

3　短い資料をたくさん読む

　中学2年生の道徳の副読本には、

>「ハチドリのひとしずく」

が出てくる。
　この資料を教師が範読しただけでは、子どもの経験や内部情報とリンクさせることはできない。ただなんとなく、いい話だった、と感じるだけで終わってしまう。
　そこで、読む時の基準を変えた。

> 暗唱するくらい読む。

　追い読み、一文交代読み、男女交代読みで10回読ませた。そうしたら、授業中に意見が出るようになった。
　この方法に気づいて以降、4月、5月の授業には、短い文章では暗唱が可能となった。その後も繰り返し、子どもたちが思い出して暗唱できる資料を準備するようにした。

>「紙風船」（黒田三郎）
>「一秒の言葉」（小泉吉宏）

などを最初の道徳の授業で扱っている。
　「ハチドリのひとしずく」では、誰かがやらなくても必要ならば自分がやる、

という強い意志を学ぶ。
「紙風船」では、何度も何度も挑戦する、途中でやめない、あきらめない心を学ぶ。「一秒の言葉」では、1年間の生活の中で子ども同士でより多く使ってほしい言葉を伝える。

このように基本となる心構えを、道徳の授業を通して、子どもたちにインプットさせるには、たくさん読むという資料の使い方が必要になった。

また、このような授業を行うことで、生徒は、自分の考えをどんどん書くようになっていった。このようなシンプルな資料の収集が、1年間の道徳の授業の根幹をなすことになる。

4　資料をもとにゴールを設定する

計画性のない授業は、「凄いと思いました」「いいと思いました」といった感想が出るだけで終わってしまうが、

> 具体的に、何がよいのか。
> 自分は、普段の生活で学んだことを、どういかしていくのか。

を考えることで、具体的に新しい活動を生み出すようになる。

例えば、黒板にメッセージを書いて教育実習生を歓迎したり、誕生日ごとにお祝いのメッセージを書くようになる。

最初は誰もやらなかったことでも、誰かの役に立てると思ったことは、積極的に提案し、実現に向けて協力し合うようになっていく。

2学期には、3年生に有志で千羽鶴を折ったり、地域の雪かきボランティアを提案するようになった。そのためには、授業のなかで、

> 自分の経験を思い出す場面。

が必要になる。これからの生活で、自分はどのような判断基準をもって生活するかを考える場面を設定したい。

そのため、4月、5月には短い文章で、子どもたちの心に根付かせたい価値項目を含んだ資料を準備して、授業に臨みたい。　　　　　　　（山口俊一）

第2章　日々の授業

（1）副読本を効果的に扱う道徳授業のコツ
③道徳資料の作り方　（2）映像資料

　子どもにとって映像資料はとても魅力的なものである。視覚的に入ってくる情報は印象が強いのだと感じる。
「先生、今日はパソコン使って授業するんですか？」
　道徳に限らずこんな質問をよく受ける。
「今日は使わないよ。」
と答えると、がっかりして去っていく。
　子どもは映像資料のある授業を楽しみにしているのである。
　さて、ここでは映像資料の作り方を紹介していく。

1　【動画】パーツに分ける

　使いたい動画はたいてい長すぎたり、無駄な部分が入っていたりする。いくら映像資料といっても、これをそのまま見せるだけでは、子どもは飽きてしまうし、資料を見せる意図がぶれてしまう。
　そこで、映像をパーツに分けていく作業が必要となってくる。
　5秒から、長くとも20秒以内のパーツに分けてゆく。このような準備をしておくことで組み合わせたり、順番を入れ替えたりすることができるようになる。

2　【動画】小見出しをつける

　パーツに分けた動画には小見出しをつける必要がある。分ける作業をした数日間はどの辺りにどんな映像があったのかを覚えているかもしれないが、しばらく経つと、内容がわからなくなってしまう。
　そこで、1つ1つの映像に小見出しを付けておく。例えば右のように簡単な小見出しを付ける。
　少し面倒な作業ではあるが、このようにしておけば、後で探したり授業の組み立て直しをしたり

名前
WHOの見解.swf
シミュレーション.swf
スペイン風邪.swf
ドライブスルー.swf
プレパンデミックワクチ...
ワクチン接種.swf
鳥インフルエンザ.swf
東京都の計画01.swf

する時に大変役立つ。

　また、小見出しを付けることによって自分が考えている映像の価値を明確にすることができる。

3　【動画】組み合わせる

　時系列に沿って流れる授業は多くの場合退屈なものとなる。映像資料も同じで、ただ順番に流すよりも、順序を入れ替えたほうが効果的な場合が多い。

　パーツに分けた映像をどの順番に組み合わせて子どもに見せるかによって、授業の雰囲気はずいぶん変化する。

　また組み合わせた映像の時間の長さにも留意が必要である。

　NHKのEテレのように、プロが作成した番組であれば、15分の番組をそのまま見せても子どもたちは集中している。

　しかしながら私たちはプロではないので、よほど力のある資料でない限り、30秒を超える映像をそのまま流すだけでは、教室の雰囲気が緩んでしまう。

　雰囲気を緩めないために、普段からテレビや映画など、映像の組み合わせがどのようになされているのかを研究することで、より魅力的な映像資料を作成することができるようになる。

4　【動画】音声の有無について吟味する

　映像資料にセットで付いてくるのが音声である。作られた映像には意図した音声が入っているし、そうでないものには意図しない音声が混ざっていることがある。

　どちらにしても、その音声が授業に必要かどうかを吟味しなければならない。

　その結果、子どもたちに提示する時に音声をOFFにするということも選択肢としてもっておくとよい。

　OFFにした分、教師がナレーターとなり映像について語ってもいいし、何も語らないことが効果的な場合もある。

　以上のような4つの手順で動画の映像資料を作成していく。

5　【静止画】美しさを追及する

　映像資料は動画だけに限らない。写真や絵、図やグラフなど、静止画像も効

果的に使えることに越したことはない。

　最も簡単な映像資料の作り方は、インターネット検索で得られる画像を利用することであろう。

　例えば、何かの写真が欲しいと考えたら、私はGoogleで画像検索を行う。すると膨大な写真資料が提示される。

　その中から授業に使いたいものを選ぶのだが、やみくもに選ぶわけではない。

　選ぶ観点は次の3つである。

- 意図したことが伝わりやすいか。
- 美しいか。
- サイズが大きいか。

　意図が伝わるものを探すことが最も大切だが、児童に提示するのだから美しい写真であるに越したことはない。

6　【静止画】BGMを選択する

　動画と違って静止画には音声が付いていない。よって、教師の語りや説明が必要となってくる。とはいえ、連続して作品を見せたい時などは、教師の言葉は邪魔になる。しかし、画像をただ見せるのでは味気ない。そんな時にはBGMを付けるとよい。

　ただし音楽の選び方で映像の印象がずいぶん変わってくるので、慎重に選択したい。

　さて、映像の作り方を紹介してきたが、留意するべき点もある。

- 著作権法に触れていないか。
- 学校教育として、あるいは道徳の授業として不適切なものではないか。

　この2点には十分留意して映像資料を作成したい。

（奥田嚴文）

（2）教材との向き合い方
①見せ方1つで授業が変わる！　教材提示のイロハ

教材には、大きく分けて4つの提示方法がある。

①視覚系
②聴覚系
③嗅覚・味覚・触覚系
④「①〜③」の複合系

1　視覚に訴える提示法

視覚系を2つに分けると次のようになる。
①副読本教材文の黙読。
②図や絵の提示。（パワーポイント等、情報機器による画像の提示も含む。）

まず、副読本教材文の黙読は、最も準備が簡単である。副読本もしくは、教材文を配り、黙って読ませればよい。ただし、文字情報が苦手な子にとっては、かなり苦痛である。

次に、図や絵の提示である。図や絵の提示は、提示の仕方によっては、子どもたちの興味関心を大きく引きつける。

例えば、河田孝文氏が実践した、カーレーサー太田哲也氏の画像を提示した授業だ。出だしは、レーサーの服を身にまとった太田氏の顔がわからないように、黒く塗りつぶされている画像から始まる。

「何をやっている人でしょう。」

子どもは、一生懸命に画像から情報を得ようとして躍起になる。「サッカー選手」「レーサー」等々、思いついた職業を口にする。

それでも答えは言わず、次の画像を提示する。

第2章　日々の授業

　サーキット場の道路のアップの写真である。
「ここで働いています。何をやっている人でしょう。」
　さらに、子どもたちは画像へと引き込まれる。
「道路工事の人」、「道路を造っている人」、「レーサー」等々。
　まだ、答えは言わない。
　最後は、空中から撮影されたサーキット場の写真を提示する。ここで、すべての子どもたちが、サーキット場の画像だということに気付く。
　続いて、太田哲也氏の姿を提示する。ここで、河田氏の画像提示の方法には、2つのポイントがある。

ポイント1　画像の一部を隠す

　すべてをいきなり提示するのではなく、一部を隠すことで子どもたちの注目が一気に画像へと集まる。不明な点を作り出すことで、子どもの興味を引きつけるのだ。

ポイント2　複数の画像を提示する

　河田氏は、まず、サーキット場の地面だけが映っているアップの画像を提示し、次にサーキット場の全景が映ったルーズの画像を提示した。これも、子どもたちの目線が画像に集中し、情報を集めようと意識させるための技である。
　同様に、ルーズ（宇宙）からアップ（細胞）へというように、提示の仕方を工夫できる。

31

2　聴覚に訴える提示法

聴覚系を2つに分けると次のようになる。
①教材文の朗読。
②音声や音を聞かせる。

　まず、教材文の朗読は、最も準備が簡単だ。

　副読本や新聞記事等を用意し、それを子どもたちに読んであげればよい。

　しかし、聴覚入力の弱い子は、教師が教材文を読み終わった時に内容を把握できていないことがある。

　次に、音声や音を聞かせる方法である。

　教材文を読む際に、BGMとして、臨場感が出る音楽を流したり、場面にふさわしい、場面が想像できる音を流したりする。

　例えば、「命の大切さ」を伝えたいのであれば、赤ちゃんの泣き声などを聞かせるケースである。

　敢えて音だけを聞かせる場合もある。

　河田孝文氏の「杉原千畝」の授業を紹介しよう。

　冒頭は、真っ黒な画面である。テレビ番組から切り取った次のナレーションが流れる。

「その町に近づくと、最初ににおいがしてきました。」

　ナチス・ドイツの収容所に初めて入ったアメリカ兵のコメントである。

「何のにおいですか。」と河田氏は発問する。

　子どもは、興味津々に耳を澄ます。

　そして、次のナレーションだ。

「人間のにおいだってことは、すぐにわかりました。恐ろしいことが起こったんだ、とすぐ気付きました。」

　授業開始時、ぐっと子どもは引き込まれる。

　ポイントは「情報の遮断」である。

　VTRの視覚＋聴覚情報から、聴覚情報にのみ絞って子どもたちに提示する技である。

3　嗅覚・味覚・触覚に訴える提示法

　嗅覚・味覚・触覚に訴えるには、「実物」を持ってくる。

例えば、「情報」の危険性を扱う「DHMO」の授業では、「水」を用意する。（DHMOは、単なる水だが、そのことは明かさない。酸性雨の大部分の成分を占めている、

砂漠化に大きくかかわっている物質である、

多くの工場から大気、川、海に何の規制もなく排出される、

等の情報のみを与えて、子どもたちに何かを予想させる。）

ユニセフの活動を知らせるための学習では、「経口補水液」（薬局で買える）を用意する。

4 いくつかの感覚に訴える提示法

教材文を見せながらの音読もこれにあたる。しかし、「画像」や「絵」などの情報の方が、文を見せながら読むよりも遥かに鮮やかに場面を想像させることができる。教材文に即した「場面絵」を提示することをお勧めする。

録画したテレビ番組などのVTRを使った場合のポイントは、次の通りである。

ポイント1　編集して見せる

河田氏は、VTRを30秒〜1分くらいごとに切り分ける。それをつないだり、間に発問を挟んだりしながら、見せていく。

そうすることで、授業は間延びせず、子どもたちもだれることがない。

ポイント2　情報を付加していく

先の杉原千畝の授業では、最初は、「音声のみ」（聴覚）を示した。次に「音声」＋「音声を文字にしたもの」（聴覚＋視覚）を示した。最後に、「音声＋動画（VTR）」（聴覚＋視覚）というように情報を付加していった。

はじめに情報を制限するからこそ、児童の興味が持続する。

（平松英史）

（２）教材との向き合い方
②困った時はこの発問　〜多様性を認め、討論が始まる〜

1　手ごたえがあった発問

　ここでは道徳の副読本を資料にした授業を行う場面に限定して述べる。
　次の発問は、追試してみて手ごたえがあった。
　TOSS教え方セミナー山口県会場で河田孝文氏から学んだ発問であり、どの資料にも使える発問だ。

発問　この文章（お話）を読んで、あなたが学んだことは何ですか。

　この発問は、以下の指示とセットで使う。

指示1　ノートに書きなさい。

　副読本資料を読んだ後、すぐにこの発問を行っても、児童は自分の考えを全員ノートに書くことができた。
　児童それぞれの考えを引き出すことができ、子ども同士の話し合いを深めるに至った。
　この発問を知るまでの私は、登場人物の考えを想像させるために以下のように発問することが多かった。

発問　「○○さんは、どんな気持ちから
　　　　□□をきれいにしたのでしょう」
発問　「ガラスを割った○○君は、どんな
　　　　気持ちで、何度もまどを見に行ったのでしょう」

　この発問では、児童が、教師が期待している意見を無理に出そうとしてくるようにも思えたり、内容によっては、教師のねらいに誘導されてしまったりすることを感じることがあった。
　しかし、

発問　この文章（お話）を読んで、あなたが学んだことは何ですか。

は、そのことを解決してくれた。
　児童1人ひとりが、資料から学んだことを書くのであるから、正直な気持ちが現れる。

2　授業の実際
　具体的に授業について述べる。
（1）道徳の副読本資料を読む
　副読本資料は、次のような内容である。
　少年たちは広場で野球をしていた。遊んでいるうちに、近所の家のガラスを割ってしまった。
　少年たちは、だまって逃げ帰ってしまうのである。しかしそのことがずっと気になっている。
　次の日、少年の家に近所の人がたずねてくる。その人の飼い猫が、どこからか魚の干物を盗んできてしまったことがわかったので、一軒一軒近所の家を回り、魚の干物を盗られた家がないか、たずねて来られたのだ。少年の家がそうであった。
　その人はていねいにお詫びをされ、魚の干物を置いていかれた。
　その行為に学んだ少年は、正直に母親にガラスを割ってしまった旨を話し、ガラスを割ってしまった家にお詫びをしに行ったというストーリーである。
（2）発問

| 発問1　誰が出てきましたか。 |
| 発問2　どんなことが起きましたか。 |

　登場人物や事件、出来事を確認する。

| 発問3　この文章（お話）を読んで、あなたが学んだことは何ですか。 |

| 指示1　ノートに書きなさい。 |
| 指示2　先生に見せにいらっしゃい。 |
| 指示3　この意見を、黒板に書きなさい。 |

児童の考えが黒板にずらっと並ぶ。
　中には、資料の読み取りが浅い意見もある。
（書く位置は、自由な時もあれば、教師が分類した位置に書かせることもある。）

（3）話し合い

児童が書いた板書

| 指示4　黒板の意見を読んで質問はありませんか。 |

　まず、質問を受ける。
　黒板に書いた子が、それに答えていく。
　こうして、読み取りの浅い意見があった場合も、考えが深められていく。
　黒板に書かれた意見を端に書いた子から読ませていくこともある。

| 指示5　話し合いを始めましょう。 |

　いろいろな価値観の意見が出てくる。
　子どもたちの話し合いは、活発になる。
　どの子も黒板に意見を書いているから積極的だ。
　こうして、本時の授業のねらいに迫る意見を引き出すことができた。

| 発問4　この文章（お話）を読んで、あなたが学んだことは何ですか。 |

　この発問が有効であることを追試して体験することができた。
　「この文章からあなたが学んだ生き方を書きましょう」
　スポーツ選手の書いた本が出されることが増えた。
　実際の活躍を知っているため、子どもたちにも人気のある本である。
　このようなジャンルに限らず、本から生き方を学ぶ機会は多い。
　そしてそれは、道徳の授業が活用される場面である。

（三好保雄）

第2章　日々の授業

（2）教材との向き合い方
③道徳ノートを活用する

1　ノートを用意する

　道徳の時間に使用するノートを準備する。

　マス目になっているものがよい。学年に応じたTOSSノートもよい。

　道徳は週に1時間であるので、他の教科と共有のノートでもかまわない。例えば、家庭科、または、総合的な学習の時間のノートと共有してもよい。

2　道徳ノートに何を書かせるのか

自分や友達の考え

　次の3点について、指示する。
①副読本等の資料を読んで、わかったこと、気がついたこと、思ったことを書く。
②ノートに書いたことを元に、友達と意見を交わす。
　友達の考えをノートにメモする。
③友達の考えを聞き、再度自分の考えを書く。
　また、資料によっては、小刻みに感想等を書かせることもある。

　考えを自分の中にとどめておくだけでは、考えがまとまらなかったり、あやふやなままであったりするからである。アウトプットさせることが大切である。

　自分や友達の考えの他に、次のことも書かせる。

日付

　これは、ノートを使い始める時の、基本中の基本である。

題材名

　ここでは、「主題名」を書かないようにする。主題に関わるものを書かない

ようにするということである。
「友達のことを考えて」「小さな命の大切さ」などと書いてしまうと、子どもの考えを導いてしまうことになるからである。

3 なぜノートなのか

　道徳の授業で、毎時間ワークシートを作成し、それに書かせるという先生もいる。
　しかしワークシートより、圧倒的にノートの方がよい。なぜか。理由は以下の３つである。
・準備に時間がかからない。
・多くの量を書く子には、どんどんページを使わせることができる。
・書く型が決まっているので、子どもが安定する。

　写真は、道徳ノートの実物である。（小学４年）
　毎時間ノートを活用している河田学級の児童のノートである。子どもが自分の考えを書き連ねていることがわかる。

（山田恵子）

（2）教材との向き合い方
④ソーシャルカルタを活用した授業

　TOSS五色ソーシャルスキルかるたを活用すると子どもの仲が劇的によくなる。道徳の時間の開始から5分の間に行うのにお勧めの教材だ。

1　4月から行い学級を安定させる

　子どもはカルタが大好きである。カルタをするだけで学級の雰囲気はよくなる。それがこの教材では、カルタだけでなくソーシャルスキルも覚えさせることができるのだ。使わない手はない。4月のはじめから使うことを勧める。トラブルも減り、子どもたちの仲がどんどんよくなっていく。大事なことはとにかく回数を重ねることだ。そのために、学級会、道徳のはじめの5分に必ず行うようにするといい。

2　基本ルールと指導手順

①カルタは5色、各色20枚ずつ。
　1色ずつ行う。
　子どもはカルタを10枚ずつ分ける。
　上下2段に5枚ずつ並べる。
　五色百人一首のように2人で対面して行う。
　取れたら、自分の陣地に札を裏返して置く。

②最初は、教師がすべての言葉を読み、子どもたちには「はい」と言って札を取らせる。
③次に、カルタの絵の面に書いてある言葉を教師と一緒に唱えさせながら取

らせていく。
　教師「あいさつはこころとこころをつなぐかぎ」
　子ども「つなぐかぎ」
④慣れてきたら、教師は最後の5文字は読まずに子どもたちだけで唱えさせていく。
　教師「ぬいだくつかかとそろえて……」
　子ども「くつばこへ」

3　カルタをしながらさらにつっこんでソーシャルスキルを指導する

　2回戦以降にすることが多いが、カルタをしている途中でさらにつっこんで、そのソーシャルスキルの指導を行うことがある。例えば以下のようにだ。
「もらったり、してもらったら？」
子ども「ありがとう」
「きちんともらったり、してもらったらありがとうと言っている人？　言っていない人？」
「ああ、けっこうできていないね。できたほうがいいと思う人？」
（子どもたちの手があがる。）
「そうだね。じゃあ、ちょっと練習をしてみよう。何かをもっているとしましょう。それを相手に渡したら？」
子ども「ありがとう」
「そうだね。一度やってごらんなさい。全員起立。終わったら座りなさい。」
（子どもたちは「どうぞ」「ありがとう」と言いあう。）
　しかし、これで終わってはもったいない。
　次の指導がある。
「きちんと目を見た人？　見ていない人？」
「では目をきちんと見てやってみましょう。全員起立。」
　というようにする。
　そして、またすぐに通常の読みに戻る。次の1枚を読んでいく。ちなみに次回、同じ札を読んだ時は、「笑顔か」「声は大きいか」などの観点をいれて指導する。なぜこのような観点を示すのか。
　それはカルタを読むだけの指導では「ありがとう」の意味のレベルを高める

ことができないからだ。そこを補強するために行う。もちろんこのような指導は一試合に一枚ぐらいしかできないし、しない時もある。なぜか。それは、子どもたちがだれやすくなるからだ。

4 2回戦以降は相手を自由に決めさせる

　このカルタは、ソーシャルスキルを高め、クラスの成員の仲をよくすることが目的である。だから、五色百人一首のように勝ったら前に、負けたら後ろへ進むようにはしない。

　2回戦、3回戦をする時は、子どもを自由に動かして対戦相手を決めさせる。例えば、
「男の子立ちなさい。男の子同士で席を移動して相手を変えなさい。」
「女の子立ちなさい。女の子同士で席を移動して相手を変えなさい。」
「自由に移動しなさい。ただし普段あまり喋っていない人と組みなさい。」
などと言っている。

　これが10秒以内で組めるようになると、クラスの雰囲気はよくなっていく。人を選んでいないからである。

　また、10秒たったら勝手に始めてしまうという方法もある。すると、早く席にすわらないと負けてしまったり、できなくて楽しくなかったりするので、早く移動し席にすわるようになる。そのようにして、人を選ばないということ、いろんな人とふれあうことの大切さも指導していく。

（この指導はクラスの成員の仲のよさの状況によって、しない場合もある。）

5 常によい行動を意識させる

　フラッシュカードの大きさの掲示用ソーシャルスキルカルタがある。これも使える。
「今、身につけさせたい。」というものを何枚か選び指導する。

　朝の会などでカードを見せながら唱えさせたり、教室、廊下、下駄箱などに掲示したりする。意識させるためだ。そして、そのソーシャルスキルが身に付いたら外して、まだ身に付いていないものを帖るようにする。このようにクラスの子どもたちの仲をよくするために、ソーシャルスキルカルタは非常に役に立つ。

（山本東矢）

（3）様々な授業の形態
①体験を取り入れた授業　～江戸しぐさから○○しぐさを考える～

【ねらい】

　江戸しぐさの素晴らしさを知ることで、自分たちも他の人々に対して思いやりの心を持って行動しようとする意欲を高める。また実際に日常生活に立ち返らせることで、日頃どのような行動をとったらよいかを考えさせる。

発問	大都会、東京。人口密度は1km²あたり、6038人が住んでいます。では、300年前の江戸下町中心部の人口密度はおよそ何人だったでしょうか。

①3000人　　②約1万人
②3万人　　④約6万人

説明	なんと約6万人、現在の東京の約10倍です。1700年代、江戸の人口は100万人を超える大都市でした。

説明	60万人以上いた町人たちは、武家地を除いた江戸の面積の約5分の1以下の「下町」と呼ばれる地域に住んでいました。人口密度は当時、世界第1位。家はほとんどすべてがつながっていて、様々なものが共同で使われていました。

発問	これは何をしているところですか。

・水を汲んでいる　・井戸

第2章　日々の授業

発問　井戸はほとんどが共同でした。

説明　では、これは何をしているところですか。

説明　そう、トイレです。昔は厠（かわや）と言いました。トイレも共同だったのです。

発問　これだけ人が集まると、様々なトラブルが考えられそうですね。どんなトラブルが考えられますか。お隣同士で話し合ってごらんなさい。

- もめごとやケンカが多くなる。
- 歩いている時にぶつかる。
- 騒音問題。

説明　でもね、当時江戸を訪れた外国人は、次のように言いました。

次の文章を提示する。

説明　「世界中のいかなる国民も、礼儀という点で日本人に勝るものはいない。」（ドイツ人医師：エンゲルベルト・ケンペル）

エンゲルベルト・ケンペル（ドイツ人の医師）

説明	つまりこの時代、トラブルは今より少なかったのではないかと考えられます。

発問	なぜこれだけの人が住んでいたにも関わらず、トラブルが少なかったのでしょうか。予想をノートに書きなさい。

- お互いに気を遣っていたから。
- 迷惑をかけないようにしていたから。

説明	お互いに気持ちよく暮らすためのマナーがあったのです。これを「江戸しぐさ」と言います。言ってごらん。

【1】かに歩きのイラストを提示。

説明	たとえば狭い路地。ぶつからないように横向きに歩きました。 「かに歩き」 言ってごらん。 「かに歩き」

　次の2つは子どもたちに考えさせ、実際に体験させる。
【2】「こぶし腰浮かせ」のイラストを提示。

第2章　日々の授業

発問　船に乗る場面です。
　　　後からもう1人、乗りたいという人がやってきました。
　　　皆さんならどうしますか？

　黒板前に椅子を3、4個並べ、そこに数人の子どもを座らせる。そして途中からもう1人が加わる。この時、どうするかは子どもたちに任せる。私の学級では電車のように詰めて座り、もう1人が座れるようにしてあげた。このような子どもがいたら、大いに褒める。

説明　江戸の人々はどうしたでしょうか。
　　　実はみんなと同じです。後から来た人のために、こぶし1こ分腰を浮かせてみんなで詰めてあげました。「こぶし腰浮かせ」と言います。
　　　「こぶし腰浮かせ」

【3】雨の日に、傘を差した人が往来する路地の写真を提示。

発問　さて雨の日、傘がぶつかりそうです。みんなが江戸時代の人だったらどのようにしますか。

　2、3組に実際に前で実演させる。
　これは意見がいくつかに分かれる。通り過ぎる際、傘を上に上げる子が多いことに驚く。子どもたちにとって「かしげる」という行為はあまり経験がないようだ。そのうち、傘をかしげる子どもも出てくる。
　（注傘はビニール傘がお勧めである。子どもの表情が見えやすくなる。）
　実演した子どもには、やってみた感想を発表させてもよい。

説明	（傘かしげのイラストを提示する。）実は江戸時代の人はこのように、傘をかしげました。「傘かしげ」と言います。「傘かしげ」

発問	このような江戸しぐさは、他にもたくさんありました。いくつあったと思いますか。

　予想させる。

説明	細かいものも合わせると5000以上あったと言われています。これらを身につけた人のことを「粋だねえ」と言ったのです。

発問	では、この江戸しぐさ。現在にも残っているでしょうか。残っていると思う人？　いや、もうないと思う人？

説明	数年前に流れたCMです。

　公共広告機構のCMを提示する。

　http://www.youtube.com/watch?v=PuFizpUhrhk（YouTubeより引用）

説明	このように「江戸しぐさ」は、現代の生活の中にもまだたくさん生きています。みんなの身近にもきっとたくさんあるはずです。このような気持ちのよい行動をたくさん集めて、○○（小学校）しぐさを作りましょう。

　ノートに書けた子から板書させ、意見を交換させる。出された意見はどれも認める。

　また書いただけで終わるのではなく、今後も実際に行動できるように教師は継続して声をかけていく。出された意見を教室に掲示してもよい。

（小林聡太）

（3）様々な授業の形態
②ボランティアの授業
目の不自由な人への介助の方法がわかる「アイマスクの授業」

1　ジュニア・ボランティア教育

　向山洋一氏は、「人に役立つ教育」、すなわちジュニア・ボランティア教育を提唱した。提唱する以前は、「自分のための勉強」しか学校には存在しなかった。「車椅子の授業」や「手話の授業」などを取り入れていった。ここでは、「アイマスクの授業」を紹介する。

2　アイマスクの授業

　甲本卓司氏の「アイマスクの授業」の追試である。導入部分を変更してある。まず、シャンプーとリンスの容器を用意する。

> 説明　先生は、目をつぶっていてもシャンプーとリンスを区別することができます。

　実際に子どもたちの前で目をつぶって区別してみる。

> 発問　なぜ、先生はシャンプーとリンスを区別することができたと思いますか。

　子どもたちに、シャンプーとリンスの容器を触らせると、シャンプーの横についたギザギザに気づく。

　同様に、お酒の缶とジュースの缶を用意し、目をつぶったまま教師が区別してみせる。そして、お酒の缶とジュースの缶を両方とも子どもたちに触らせる。ビールの缶には点字で「おさけ」と書いてあることに気づく。

　どちらも、「目の不自由な方」でもわ

かるようにするための工夫である。
　ここで、本時は「目の不自由な方」の勉強であることを告げる。
　そして、次の発問をする。

> 発問　今、街で目の不自由な方が困っています。そこで、あなたが介助して近くのコンビニまで一緒に行くことにしました。
> 　　　どうやって介助したらよいですか。
> 　　　１．腕を組む。
> 　　　２．手を引っ張る。
> 　　　３．肩を持ってもらう。

　ここで子どもたちに挙手をさせて予想を考えさせるとよい。
　子どもたちの多くは、「１．腕を組む」だと予想する。

> 指示　どの方法だと一番安心できるのか、実際に体験してもらいます。２人組を組みなさい。

　２人組になったペアにはアイマスクを渡して、実際に体験させる。
　ここでは、安全面には十分に配慮する必要がある。教室で行う場合には、万が一転倒しても問題がないように、危険物を教室の外へ移動しておくとよい。また、体育館で実施すると、怪我をする可能性が低くなる。
　さて、体験が終わったら、子どもたちにアイマスクをした感想を聞く。
- １人で歩くのは怖い。
- 介助があると安心した。
- 介助の仕方によって、安心感が違う。

などの意見が出る。この後、再度介助の方法について、発問を行う。

> 発問　どのように介助してもらった時に安心しましたか。
> 　　　１．腕を組む。
> 　　　２．手を引っ張る。
> 　　　３．肩を持ってもらう。

挙手で、全員の意見を確認する。体験させてからこの発問を行うと、「3．肩を持ってもらう」と考える子が増える。そして、次のように説明をする。

> 説明　腕を組まれると、目の不自由な方にとっては不安になります。
> 手を引っ張られても、自由がきかずに不安になります。
> 正しい介助の方法は、介助する人が腕を自然に下げ、目の不自由な方に肩を持ってもらうことです。
> そして、目の不自由な方より半歩前に立ち、自然に歩くことが大切です。

最後に、次の発問をする。

> 発問　介助する方法はわかったんだけど、介助する前にとっても大切なことがあります。それは、いったい何でしょうか。

なかなか正答が出ない場合は、近くの人と相談させてもよい。
子どもたちに意見を発表させた後、次のように板書する。

> 板書　世界の共通語

> 説明　介助する前に「世界の共通語」があります。
> 英語で言うと、「メイ　アイ　ヘルプ　ユウ（May I help you?）」です。
> 日本語で言うと、「何か、お手伝いすることはありませんか。」です。
> まず、「声をかける」ことが大切なのです。
> 声をかけないで介助をすると、相手は大変驚きますし、失礼にあたります。
> 声をかけて、相手の話をよく聞いてから介助しましょう。
> 「声をかける」大切さを強調して、授業を終える。

（大野眞輝）

【参考文献】
向山洋一『「社会的規範」を考える道徳教育の提唱』、『ジュニア・ボランティア教育＆総合的な学習』第100号記念「創刊号再録集」

（3）様々な授業の形態
③エンカウンターを用いた道徳授業
自然と協力し合うようになる「ペーパータワー」

1　エンカウンターとは

　エンカウンターとは、カール・ロジャースが開発したカウンセリングの方法のことである。エンカウンターは構成的エンカウンター（予め課題が用意されたもの）と、非構成的エンカウンター（予め課題が用意されていないもの）に大別される。ここでは、構成的エンカウンターのみを紹介する。

> リーダーから与えられた課題をグループで行う「エクササイズ」とエクササイズ後にグループ内でそれぞれ感じたこと、考えたことを互いに言い合う「シェアリング」で構成される。

2　実際の授業
①導入・ウォーミングアップ
　導入では、エクササイズ名とそのねらいを子どもたちに伝える。

> 説明　今日は友達とさらに仲良くなるために、「ペーパータワー」というエクササイズをします。

　次に、ウォーミングアップで心をほぐす準備運動を行う。

> 指示　最初に心をほぐすウォーミングアップをします。
> 　　　人差し指を出しなさい。相手を見つけて、人差し指の先と先をくっつけます。その時、「よろチク！」と言います。5人と「よろチク！」をしたら座ります。

　同様に、両手をグーにして相手のグーとグーを合わせて「グータッチ！」、相手の手のひらと手のひらを合わせてハイタッチをしながら「ハーイ！」、握手をしながら「よろしくお願いします。」と変化のある挨拶を繰り返しさせて

いく。
② **インストラクション**

　エクササイズの最低限のルールや、やり方を明確に伝える。
　班は4人が望ましいので、予めグループを作っておくとよい。

説明	この紙（A4）を使って、グループで協力しながら、できるだけ高い紙のタワーを作ります。 紙の枚数は、何枚使っても構いません。

　紙は班ごとに30～40枚用意すれば、足りるであろう。

説明	作戦タイムは10分間です。その間、使ってよい紙は1枚だけです。紙は折ったり、切ったりしてもよいですが、ハサミなどの道具は使うことができません。

　10分間の作戦タイムを取る。この時、教師は友達と協力して作戦を立てている子を褒めながら各グループを回るとよい。

③ **エクササイズ**

説明	では、タワーを作ります。時間は15分間。タワーは自力で立つようにします。

　質問を受け付けた後に、タワーを作らせる。15分後、作業を終了させて、一番高いタワーを作ったチームに賞賛の拍手を送る。

④ **シェアリング**

　活動を行った後、振り返りを行う。

説明	一番高いタワーができた班は○班でしたが、結果だけが大事なのではありません。今日の活動を振り返ってみましょう。

　振り返りを行うことで、活動を行ってみた後の感情や気づきを、グループの

友達と共有していく。

> 指示　タワーを作るために行ったことで、上手くいったことは何でしたか。班で話し合いなさい。

　プリントを用意しておいて、班ごとに話し合ったことを書かせてもよい。
　私の学級では、「紙を折って上手く積み上げることができた。」などの意見が出てきた。

> 指示　上手くいったのはなぜですか。誰のどんな行動や発言があったからですか。班ごとに話し合いなさい。

　これも班ごとにプリントに記入させるとよい。子どもたちからは、「〇〇くんが、頑張ろうと声をかけてくれたから上手くいった。」「紙を折る人と、紙を積み上げる人に分かれたから上手くいった。」などの意見が出るだろう。
　話し合いが終わったら、それらを班の代表者に発表させる。教師は発表することができた班を褒め、
「友達の良さに気づくということが、協力するためには必要なんだね。」
と伝えると、エクササイズの効果がさらに上がる。また、最後に次のことを話し合わせる。

> 指示　このような活動が次にある時には、どんな所を頑張ろうと思いますか。班ごとに話し合いなさい。

　これも班の代表者に発表させる。「もっと前向きな声かけをしようと思った。」「役割を分担して協力したい。」などの意見が出るだろう。そして、発表できたことを教師が褒め、次のように語るとよい。

> 説明　協力できるようになるためには、課題を見つけることも大事です。課題を見つけることができた班はさらに成長していきますね。

(大野眞輝)

【参考文献】　赤坂真二『スペシャリスト直伝！　学級づくり成功の極意』

（3）様々な授業の形態
④スキル型の道徳授業
どの子も納得！　わくわく言葉を脳科学で示す！

1　スキル型＝生きる術を教える授業

　スキルとは、人間としての生きる術である。「弱い者いじめをしない」「困った人がいたら助ける」などの善悪の判断を身に付けさせるために、低学年の道徳授業に必要な型である。評価基準は「教えた基本型ができる」ことであり、よい授業ならば、子どもの行動が変わる。以下「のうみそくんは知っている」の授業を通して「弱い者いじめをしない」「相手が嬉しくなる言葉づかいをする」授業を紹介する。

2　指導案　「のうみそくんは知っている」

> 指示1　言われて嬉しくなる言葉をノートに1つ書きましょう。
> 　　　　「わくわく言葉」「ふわふわ言葉」と言います。

　すぐに思い浮かばない子のために、「例えばどんな言葉がありますか。」とたずねて、何人かに、言わせる。ノートに書いた子からどんどん発表させる。よい言葉なので、たくさんあった方がよい。

> 指示2　言われたら嫌な気持ちになる言葉をノートに1つ書きましょう。
> 　　　　「ちくちく言葉」と言います。

　悪い言葉なので、2、3個にとどめる。
「死ね」などのひどい言葉が出ても、あまり反応せずに淡々と進める。

> 説明1　今日は、どうして嬉しくなったり、嫌な気持ちになったりするのか、
> 　　　　そのわけをお勉強します。

説明2	みんなの脳みそを半分に切って簡単に表した図です。 3つの種類の脳みそでできています。 一番内側の小さいのがヘビの脳です。 呼吸したり、ご飯を食べたり、眠ったりする、「生きていく上で大切な命令をする」脳です。 ヘビにもある脳なので、「ヘビの脳」と呼ばれています。

説明3	次にヘビの脳の上にあるのが「ネコの脳」です。 喜んだり、怒ったり、悲しんだりする「喜怒哀楽を出す」脳です。 イヌやネコなどの動物にもあるので「ネコの脳」と呼ばれています。 ヘビにはありません。

説明4	最後にネコの脳の上にあるのが「ヒトの脳」です。 考えたり、覚えたり、話したりする、「人間にしかない脳」です。 ヘビやネコには、ありません。

発問1	ちくちく言葉を言われると、脳みそが傷つきます。 この3つの脳みその中で一番傷つくのはどの脳みそでしょうか。 ①ヘビの脳　②ネコの脳　③ヒトの脳

挙手で確認する。
そう考えたわけも発表させる。
「いろいろ考えることができるのは、ヒトの脳だから、ヒトの脳です。」「悲しいからネコの脳です。」などの意見が出た。

| 説明5 | ヘビの脳です。ちくちく言葉を言われると、ご飯を食べたくなくなったり眠れなくなったり、元気がなくなって学校に行きたくなくなったりします。
病気になることもあります。 |

| 発問2 | 「ノルアドレナリン」の毒はどのくらいの強さでしょう？
①毒グモの毒　②毒キノコの毒　③毒ヘビの毒 |

挙手で確認する。低学年の子どもたちにも、怖さをイメージしやすいように、わかりやすい毒を提示する。イラストなどで具体的に示すとよい。

| 説明6 | 毒ヘビです。
「ヘビの脳」を少しずつ少しずつ攻撃していきます。
「ノルアドレナリン」と言います。
「ノルアドレナリン」さんはい。 |

「ノルアドレナリン」

| 発問3 | 「ノルアドレナリン」で「ヘビの脳」が攻撃されるとどうなりますか？ |

「ご飯を食べたくなくなる。病気になる。」

| 説明7 | また、困ったことに「ノルアドレナリン」は、ちくちく言葉を言った人にも出ているそうです。
自分の言った言葉で、自分の脳みそも攻撃しているのですね。 |

「えー。」という声が多数出た。

説明8	でもね、みんなの脳みそはすごくて、脳みそが元気になる、いい薬を出すこともできるんです。 「エンドルフィン」と言います。 「エンドルフィン」は、わくわく言葉を言われたときに、たくさん出ます。 わくわく言葉を言った人にも「エンドルフィン」が出ます。 「エンドルフィン」が出ると、やる気が出たり、元気が出たり、勇気が出たりします。

指示3	ここまでの感想を言いましょう。

　2、3人に感想を言わせる。実際の授業では、「ノルアドレナリンは怖い。」「ちくちく言葉は使わないようにする。」などの感想が出た。ここまでは、「判断できる」「わかる」、段階である。

3　わくわく言葉を使う練習をする

　そして、「スキル」→「活用する」「できる」ようになるための授業へと進む。

説明9	今からわくわく言葉の使い方のコツを先生が教えます。 　　　コツは全部で3つあります。

説明10　1つ目　わくわく言葉は笑顔で言おう。みんなで。さんはい。

「わくわく言葉は笑顔で言おう。」

発問4　笑顔で言うのはなぜですか？

「怒った顔だと嬉しくないから。」「わくわくが伝わらないから。」

| 第2章 | 日々の授業 |

| 指示4　お隣さんに「ありがとう」と笑顔で言ってみましょう。 |

笑顔いっぱいの子を見つけ、すかさず褒める。

| 説明11　2つ目　わくわく言葉は繰り返して言おう。みんなで。さんはい。 |

「わくわく言葉は繰り返して言おう。」

| 指示5　お隣さんに、「ありがとう！　ありがとう！」と繰り返して言ってみましょう。 |

指示4同様に、笑顔で楽しそうにしている子を見つけ、すかさず褒める。
真似しようとする子が、どんどん増えていく。

| 説明12　わくわく言葉を繰り返して言うと、嬉しさいっぱいになります。エンドルフィンもたくさん出ます。たくさん出るから、笑顔いっぱいになります。 |

子どもたちはニコニコしながら聞いていた。

| 説明13　3つ目　名前を呼んでわくわく言葉を言おう。みんなでさんはい。 |

「名前を呼んでわくわく言葉を言おう。」

| 指示6　お隣さんの名前を呼んで、「ありがとう！　ありがとう！」と言ってみましょう。「○○さん、ありがとう！　ありがとう！」と言います。 |

コツをつかんで練習しているペアや楽しそうに練習しているペアをチェック

しておく。

指示7　コツをつかんだペアがありました。前に出てきてお手本をどうぞ。

　お手本を見せた後、どこがどのようによかったかを発表させる。コツを全体で確認し、再度練習する。

指示8　ありがとう以外のわくわく言葉でも練習してみましょう。
　　　　さっきノートに書いた言葉を使うといいですね。（3分間練習）

説明14　エンドルフィンがたくさん出て、やる気！　元気！　勇気！　いっ
　　　　ぱいのクラスになりましたね。

指示9　今日のお勉強の感想をノートに書きましょう。

（具志　睦）

【参考文献】『あなたの授業力が大変身！　河田孝文の授業ナビ講座1　キー・コンピテンシーでつくる「21世紀社会と対話する道徳授業」』
【先行実践】TOSSランドNo.9395557　のうみそくんは知っている　西岡美香氏

（3）様々な授業の形態
⑤モラルジレンマ型道徳授業

　モラルジレンマ型の授業は当事者意識を持たせやすい。子どもは真剣に取り組む。
　学期に1、2回することをお勧めする。

1　モラルジレンマ型授業とは

　モラルジレンマ型授業とはAとBのどちらかを選ぶという判断で討論を行う授業である。どちらを選んだかではなく、選んだ理由が重要である。その理由を元に討論していく中で、他律的な考え（「誰かに叱られるから」「損をするから」など）から自律的な考え（「自分でやらなければ意味がないから」「自分が成長しないから」など）になっていくのが、モラルジレンマ型の授業のねらいである。

2　モラルジレンマ型授業の進め方

　私は以下のように進めることが多い。

①教材を読ませる。
②状況確認をする（省くこともある）。
③どちらの判断をするかを書かせる。
④意見分布を確認する。
⑤近くの人と話し合わせる。
⑥小討論をさせる（立ち歩き1対1で討論）。
⑦全体の場で討論をさせる。
⑧最終意見を書かせる。

3　授業例
①教材を読ませる

　印刷をして子どもに渡し、音読させる。

「探すか。探さないか。」（3年生以上）

一
　はるやくんは、毎日自転車にのっていろんなところで遊んでいます。自転車にのるのが大すきです。
　3日前のことです。友だちと自転車で遊んでいて、くらくなってから家に帰りました。
　するとその夜、お父さんからとてもきびしくしかられました。これからは6時までに家に帰ることを約束させられました。
　その約束が守れないときは、自転車に1ヶ月間のってはいけないことになりました。
　だから、最近は帰るのが遅くならないように気をつけています。
二
　仲良しのたけひろくんと公園であそんでいたら、たけひろくんが2丁目の児童公園に遊びにいこうといいました。
　その児童公園には、とても大きなすべりだいとジャングルジムがあるのです。子どもたちに大人気の場所です。
　はるやくんは約束の時間までに帰ればいいと思い自転車でいくことにしました。
三
　児童公園についたとき、たけひろくんは大事そうにかぎをポケットから出しました。
「それ、どうしたの」
とはるやくんがきくと、
「これは家のかぎ。今日はお父さんとお母さんは用事で夜おそく帰ってくるんだ。」
と答えながら、たけひろくんはそのかぎをポケットの奥に大事そうにしまいました。
四
　すべりだいやジャングルジムで遊んでいるうちに、あっという間に帰る時間になりました。その時、たけひろくんは青ざめていました。どうしたのかをきくと、家のかぎがないというのです。遊んでいた時に落としてしまったのかもしれません。
　とても大事にしているかぎです。一生けん命、2人でさがしました。でもみつかりません。たけひろくんはなきだしそうです。
　さがしているうち、はるやくんは、お父さんとお母さんとの約束の時間が気になってきました。公園にある時計をみました。すると5時半をさしています。今から帰れば約束の時間に間にあいます。
　はるやくんは約束を守って1人で帰るか。
　いっしょにかぎをさがし続けるか、まよってしまいました。

②状況確認をする
　発問によって状況を確認させる。

「たけひろくんはどうして困っているのですか。」（かぎをなくしたから）
「はるやくんが約束したことは何ですか。」（6時までに家に帰ること）
「はるやくんはどうして困っているのですか。」（遅れたら、おうちの人との約束をやぶるから）（友だちをみすてたくないから）

③どちらの判断をするかを書かせる
ノートに、自分の意見を書かせる。
「はるやくんは〜するべき。なぜなら〜から。」と書く時の型も教える。
持ってこさせて、板書させる。

④意見分布を確認する
「約束を守って1人で帰ったほうがいいと思う人」「探したほうがいいと思う人」と聞き、人数を板書する。

⑤近くの人と話し合わせる
近くの人と相談をさせる。賛成意見の者同士で話してもいいし、反対意見のものと小討論をさせてもいい。

⑥小討論をさせる
立ち歩いて小討論をさせる。意見が変わったら、反対意見のものを説得しにいかせる。教室が話し合いで盛り上がる。5分はとる。

⑦全体の場で討論をさせる
反対意見の指名なし発表をさせる。途中で反論がはじまり指名なし討論となる。15分以上はとりたい。激しい討論となる。

⑧最終意見を書かせる
最終意見を書かせる。討論の内容の反対意見なども書かせるようにする。

4　モラルジレンマ型道徳の優れている点
　3つある。1つ目は、どちらかを選ばなければいけないので、真剣に取り組ませることができる。
　2つ目は、討論する力をつけられる。
　3つ目は、人としてどういう行動をとればいいのかがわかってくる。ソーシャルスキルを身につけさせることができる。トラブルが減っていく。
【参考文献】荒木紀幸『モラルジレンマ資料と授業展開　小学校編』

(山本東矢)

（1）第1学年及び第2学年
①心のノートで、「ならぬは、ならぬ」を教える

「自分に関すること」で、低学年の子どもに特に教えたいことがある。それは、

> ならぬは、ならぬ。

である。

　この時期に、やってよいことと、悪いことをはっきりと教えることが必要である。

　そして、次の3点のできる子どもを育てたい。
- 善悪がわかること。
- よい行動をすること。
- 悪い行動をしている人がいても、まねしないこと。

1　「してはならないことがあるよ」

　文部科学省発行の『心のノート』（1・2年）には、「ならぬは、ならぬ」を教えるページがある。

　32〜33ページの「してはならないことがあるよ」である。

　おばけの国で起こっている、してはならないこと6点がイラストで描かれている。それについて、動物が、いけないことを教えている。次の6点である。

1	人のものをかくしてはいけないよ。
2	いじわるをしてはいけないよ。
3	うそをついてはいけないよ。
4	人のものをとってはいけないよ。
5	わる口をいってはいけないよ。
6	友だちをたたいてはいけないよ。

　心のノートのこのページを一度にそのまま見せる方法もあるが、1場面ずつ見せるのが効果的であると考える。

| 第3章 | 学年別道徳授業 |

| 説明 | 今日は、「してはならないこと」について学習します。 |

まず、学習することがらについて知らせ、見通しをもたせる。

| 発問 | おばけの国の子どもたちです。してはならないことをしています。何をしているのでしょうか。 |

　6点のイラストのうち、1点を提示する。（拡大コピーする方法と、文部科学省『心のノート』掲載のページからパソコンに取り込み、プロジェクターで映す方法がある。）
　最初に提示するのは、33ページ下の友だちをたたいているイラストがわかりやすい。
- 大きいおばけが顔をたたいています。
- パンチしています。
- 顔をたたかれて、小さいおばけが痛いって言っています。

　おばけがしていることについて、全体の場で発表させる。

| 発問 | 魚くんは、このおばけに、何と言って教えているのでしょう。 |

　魚くんと言葉を隠した吹き出しを見せ、子どもに予想させる。
　何人かに予想させた上で、吹き出しの言葉を見せる。
「友だちをたたいてはいけないよ」は、自分自身がしてはならないことであるのと同時に、している友だちに注意を促す言葉でもあるので、一斉に言わせる。
　さらにしっかり習得させるために、次のことを問う。

| 発問 | たたくのはいけないね。では、蹴ることはしていいですか。してはならないことですか。 |

　たたくに類似した、蹴る、押す、つねる、足を引っかける、服やランドセルや帽子など身につけているものを引っ張るなど、暴力に関わるものについても、してはならないことを確認する。

以上の流れで、残り5枚のイラストについても扱う。

動物が教えていることに加え、具体的に押さえておきたいのは、次の2点である。

① 「わる口」とは何か

「わる口」は、低学年の子どもにとって、抽象的でわかりにくい。

- 人が嫌な気持ちになることを言わない。
- 名前を変形させたあだ名を言わない。「先生は『けいこ』っていう名前なのに、『けいと』って言われてとても悲しかった。」といった具体例を挙げる。
- 体に関することを言わない。これも、「以前担任した子どもが……」と今担任している子どもには関係しない例を挙げて話す。

② 「いじわる」とは何か

イラストに描かれているのは、仲間はずれにしている場面である。

- 遊びに入れないなどの仲間はずれにしない。
- 話しかけているのに、返事をしないなどの無視をしない。
- 鬼ごっこをする時、同じ人ばかり当て鬼にすることなどをしない。

2 「うそなんかつくもんか」

「うそをついてはいけないよ。」に関わるページ「うそなんかつくもんか」（『心のノート』26～27ページ）も合わせて扱いたい。

> 発問　ある男の子のお話です。絵を見て何をしているところでしょう。

6つの場面の挿絵が載っている。これも1枚ずつ提示し、子どもに話をさせる。このページでは、「本当のことを知っているみんながおこってぼくをにらんでいるみたい。」という一文がポイントの1つであると考える。

うそをついても、悪いことをしても、誰にも知られなかったらいいのだということはない。この絵の中ではおもちゃが全てを知っている。また、昔から「天の神様は、何でもお見通し」と言われてきたことも教えなければならない。

（山田恵子）

第3章　学年別道徳授業

（1）第1学年及び第2学年
②他の人とのかかわり
「ありがとう」のスキルを体験しながら学ぶ授業

1　「ありがとう」のスキルを学ぶ授業

「まゆみ先生、『どういたしまして』って言っちゃった。」

健二君が言った。「ありがとう」の言い方の練習をしている中で、相手の気持ちが伝わってきたのだ。そして、健二君が自然に恵美子ちゃんに言葉を返した。

よりよい行動ができるようになるために、スキルを教える道徳が必要だ。

2　授業の概略

「ありがとう」は子どもたちにとって、身近な言葉だ。でも、相手に伝わるように言えない場合も多い。

そこで、次のような授業を考えた。

（1）「ありがとう」のよさを知る。
（2）「ありがとう」のスキルを体験しながら学ぶ。
（3）実話から「ありがとう」の可能性を知る。

3　発問・指示
（1）「ありがとう」のよさを知る

発問1　同じ意味の言葉です。
　　　　あとについて言います。

あまり知られていない3つ程度の国の「ありがとう」を提示し、追い読みさ

せる。

| 同じ意味の言葉
| ①オークン（カンボジア）
| ②バイラルラー（モンゴル）
| ③チェーズティンバーデ―（ミャンマー）

説明1　日本で、「あなたを笑顔にしてくれる言葉　第1位」の言葉です。

発問2　日本語で言うとなんという言葉でしょうか。

　数名、意見を聞く。
「こんにちは」「さようなら」「ありがとう」などの意見が出た。

指示1　同じ意味の言葉です。日本語で言うと、なんという言葉かわかったら、手をあげます。

　1つ1つ、提示していく。

| 同じ意味の言葉
| ④シェイシェイ（中国）
| ⑤サンキュー（アメリカ）
| ⑥「　　　　　」（日本）

　④、⑤は追い読みさせる。
　⑥は国名を先に出す。そして、みんなで声をそろえて言う。「ありがとう」

第3章　学年別道徳授業

| 説明2 | 日本に、「ありがとう」がつく歌は何曲あるのか調べました。「ありがとう」が題名の最初につく曲は153曲。題名の途中につく曲は1921曲。歌の中に、「ありがとう」が入っている歌はすごくたくさん。 |

| 説明3 | 「笑顔にしてくれる言葉第1位」の「ありがとう」。今日は相手に伝わる「ありがとう」の言い方のお勉強をします。 |

(2)「ありがとう」のスキルを体験しながら学ぶ

3つのステップで、スキルを体験する。

| ステップ1　写真を見比べる。 |
| ステップ2　どちらがいいか。理由を聞く。 |
| ステップ3　ポイントを意識し練習 |

このステップで4つのポイントを扱う。

| 説明1 | 「ありがとう」を言う時に大事なことは4つ。2つの写真を見たあと、どちらがいいか聞きます。 |

① (　　　　　) を見て

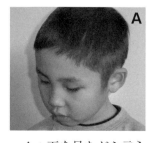 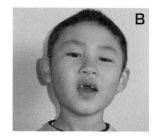

A：下を見ながら言う
B：相手を見ながら言う

写真に合わせて、教師が「ありがとう」と言う。

| 発問1 | Aがいいですか。Bがいいですか。 |
| 指示1 | 手をあげましょう。A、B。 |

挙手で確認する。その後、理由を聞く。
「Aだと言われている感じがしないから。」
「Aだと自分が言われているかわからないから。Aだとうれしくない。」
「あいてを見て」という言葉でまとめる。

② (　　　　) で

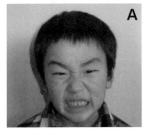 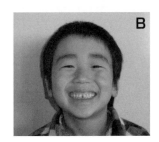

　A：怒って言う。
　B：笑って言う。
　写真に合わせて、教師が「ありがとう」と言う。
　AがいいかBがいいか確認。理由を聞く。
「Aは、怒って言われると悲しいからです。」
「怒って言うと、相手もせっかくやってあげたのに嫌だと思うから。」
「Bは、にこにこしてくれると、私も嬉しくて、にこにこになるからです。」
「えがおで」という言葉でまとめる。

③ (　　　　) を見せて

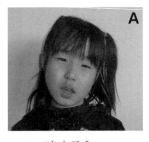 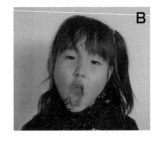

　A：暗く言う。
　B：明るく言う。

第3章　学年別道徳授業

　写真に合わせて、教師が「ありがとう」と言う。
　AがいいかBがいいか確認。理由を聞く。
「Aは暗い感じだから、言われている人がうれしくない。」
「Bは明るい声だから、嬉しい。」
「Bは嬉しい気分になるからいい。」
「前歯を見せて」という言葉でまとめる。

④（　　　　　）をして

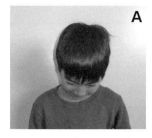
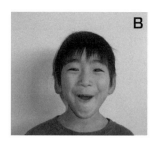

　A：言い終わった後、お辞儀をする。
　B：言い終わってもお辞儀なしでエラそうにしている。
　写真に合わせて、教師が「ありがとう」と言う。
　AがいいかBがいいか確認。理由を聞く。
「Aは感謝されている感じがするから。」
「Bはえらそうでいやだから。」
「おじぎをして」という言葉でまとめる。

| 説明2　「ありがとうスキル」を使って、練習します。 |

　楽しく変化をつけながら練習できるように、ポイントを1枚の紙に書いた「ありがとうスキル」を配る。

> **ありがとうスキル**
>
> みんなは「ありがとう」だけいいます。
>
> ① あいてを見て
> ② えがおで
> ③ まえばを見せて
> ④ おじぎをして
> ⑤ ①から④ぜんぶで

> 指示2　みんなは「ありがとう」だけ言います。
> 　　　　「あいてをみて」

子ども「ありがとう。」
先生「えがおで。」
子ども「ありがとう。」

というように、教師が指示する。子どもが「ありがとう」という形で練習する。

2回目は変化をつけて練習する。

> 指示3　お隣さんとやります。
> 　　　　おへそを向かい合いなさい。
> 　　　　みなさんは「ありがとう」だけ言います。
> 　　　　「あいてをみて」

子ども同士向かい合わせて、「ありがとう」を言う練習する。子どもたちからは笑顔があふれる。お互いにいい気持になるようだ。

さらに、3回目は変化をつけて練習する。

| 指示4　1人が先生役、1人は「ありがとう」と言って、練習します。はじめ。 |

　4回目は、ポイントを好きな順で言わせて練習したり、相手を変えて練習したり、変化をつけながら練習する。
　教室中に笑顔があふれる。

| 指示5　「ありがとう」が上手に言えた2人組がいました。みんなで見ます。 |

　上手に言えている2人組を指名してやらせる。子どもたちは表情が見たいから、近くに自然と集まってくる。

（3）実話から「ありがとう」の可能性を知る
　自分たちと同じ小学生が言う「ありがとう」が大人にも力を与えている実話を知らせる。
　そのことで「ありがとう」のさらなる可能性を感じさせたい。

| 説明1　数年前、大きな地震が起きました。
　　　　たくさんの人が困りました。
　　　　食べ物が足りなくなったり、道が壊れてどこにも行けなくなったり。
　　　　その時に、たくさんの人を助けた人がいます。自衛隊の人です。
　　　　ある自衛隊の人がこういいました。
　　　　「子どもたちだったので、こっちももっと頑張ろうとそういう気持ちになれました。」
　　　　この人を頑張ろうという気持ちにさせたのは、2人の小学生でした。
　　　　2人の小学生がこんなことをしました。 |

警察や自衛隊の人に声援をおくっている福島の２人の小学生の映像を見せる。

| 指示１　感想を言います。 |

| 発問１　たった２人で始めた活動。 |
|　　　　　その後、どうなったでしょうか。 |

| 指示２　お隣の人と相談しなさい。 |

　数名、指名する。
「今も続けている。」
「もっと長い時間やるようになった。」
「たくさんの人に褒められた。」

| 説明２　こんな風になりました。 |

　２人の行動が、友達にも広がり、友達も一緒にやるようになったビデオを見せる。

| 語り　たくさんの困った人を助けたのは自衛隊の人。 |
|　　　　その自衛隊の人を頑張ろうという気持ちにさせたのは、「ありがとう」。 |
|　　　　小学生が言った「ありがとう」という言葉だったのです。 |
|　　　　みなさんの「ありがとう」も、伝わると、相手の人を頑張ろうという気持ちにしたり、元気にしたり、笑顔にしたりする力が出るのかもしれません。 |

| 指示３　「ありがとう」の４つのポイントを学習しました。それを使って、相手に伝わる言い方で、「ありがとう」と言ってみましょう。 |

　子どもたち「ありがとう。」

| 指示4　授業の感想を言いましょう。 |

4　授業の後の日常生活で取り上げて、よりよい行動を強化する

　1年生は素直だ。

　授業が終わった後、いろいろな場面で何度も、練習したスキルを使って、「ありがとう」と言っている場面が見られた。

　そのたびに、褒めて強化した。

「笑顔で言っているから伝わるね。」

「相手を見て言ったんだね。忠利君も嬉しそうだったね。さすが恵美子ちゃん。」

　道徳の時間だけでは子どもの行動は変わらない。学習したことを生かしているのが日常の場面である。その場面を取り上げて、褒めて強化する。

「道徳授業＋日常の場面の強化」

　これが、子どもたちの行動をよりよく変えていくキーワードだ。

5　1、2年生には、特に「スキル」を体験的に学習する機会を与えたい

　自分が中心だった幼児期。

　だんだん、学校という集団の中で過ごしていく中で、他の人とのかかわりが大きくなっていく1、2年生。

　この時期の道徳授業では、どうやったらよりよい行動ができるようになるのか。それには、「スキル」を学習することが大事だ。

「教えて褒める」

　スキルを教えて、実際にやっている場面を褒めることで、よりよい行動へと変えていくことができる。

（末廣真弓）

（1）第1学年及び第2学年
③他の人とのかかわり
楽しく活動！ 自然に身につく生き方5原則 「相手のことを心から考えよう」

1　低学年の特徴を踏まえた道徳授業

　低学年の子どものたちの発達段階の特徴として、「自己中心性が強い」「他律的な価値の判断をする」「善悪の判断が十分にできない」「集団としての意識が未発達である」が挙げられる。そのような特徴を踏まえた上で、他の人とのかかわりについて、集団の一員として望ましい行動の仕方や態度を教え、身につけさせる道徳の授業を意図的に行う必要がある。

2　生き方の5原則を低学年に授業する

　向山洋一氏が示した生き方の5原則とは

| 1　相手のことを心から考えよう。 |
| 2　弱いものをかばおう。 |
| 3　世のため人のためになることをしよう。 |
| 4　まず自分にできることをしよう。 |
| 5　先人に学ぼう。 |

である。上記の中で、低学年の子どもたちに特に身につけさせたい生き方は、

| 1　相手のことを心から考えよう。 |

である。

　相手のことを心から考えることは、自己を他の人とのかかわりの中でとらえ、望ましい人間関係の育成を図ることにつながる。

　また、他の人とのかかわりの中から、ルールを守ることの大切さを教えていくことも重要な観点である。

　以下、指導案を示す。

第3章　　　　　学年別道徳授業

3　指導案１　「自分のことを知る」

　他人を知るには、まず自分のことを知ることが必要である。
「こころのノート　小学校１・２年生」の８～９ページ「あなたのことを教えてね」を使い自分自身を見つめ直す機会を作る。

| 説明１ | お友達と仲良く楽しく過ごすために、まず自分のことを知ることがとても大切です。
自分のことを知ることで、相手のこともよく考えられるようになります。 |

| 指示１ | こころのノート８、９ページを開きましょう。 |

　項目を１つ１つ追い読みし、全員で確認する。

| 説明２ | すきな食べ物、とくいなこと、お隣さんにお話ししてごらんなさい。 |

| 指示２ | 将来の夢いろいろあるね。すきな食べ物は何かな？
お隣さんとお話ししてみましょう。 |

　ノートに書かせる前に、隣の子と話をさせる時間をたっぷりとる。
そうするとノートへの記入がスムーズになる。

| 指示３ | お話が終わったら、どんどん書いていきましょう。
どうしても書くことができないところはあとで書いてもいいです。 |

　書けた子から１項目ずつ発表させる。全員発表させる。

| 指示４ | お友達の発表を聞いて、同じだったところや初めて知ったことなど、感想を言いましょう。 |

「ぼくと同じでハンバーガーが好きなお友達がたくさんいました。」

「〇〇さんが、水泳が得意だと初めて知りました。」などの感想が聞かれた。

4　指導案2

「いっしょに遊びたいという気持ちを伝えたり、ひとりぼっちの友達を誘ったりする。」

　休み時間、友達が遊んでいる中になかなか入っていけない子がいる。

　そのような子は、一緒に遊びたいという気持ちをうまく伝えるより前に、「遊びたい。遊んで。」と言う、伝え方がわかっていないことが多い。

　上手に伝える方法と、ひとりぼっちの友達を上手に誘う方法を教えて考えさせる授業である。

場面設定

　休み時間にトイレに行っていて、運動場に遅れて来たぼく。

説明1	みんなが楽しく遊んでいると、一緒に遊びたくなりますね。 1人で遊ぶより、たくさんの友達と遊んだ方が楽しいですもんね。 でも、みんなが楽しく遊んでいるのに、途中から入れてもらえるのかな。 ことわられたらどうしよう。不安になることもありますね。

発問1	そんなときどうすればいいのでしょう。お隣さんと相談してごらんなさい。

説明2	先生はトイレに行っていて遅れて来た友達です。

発問2	ドッジボールをして遊んでいる友達になんて言えばいいでしょうか。

　普段よくある光景なので、すぐに、「ぼくも仲間に入れて。」「一緒に遊んでいい？」という声が聞こえた。

| 発問３ | そうだね。そうやって言うといいですね。
でも、お友達が遊びに夢中で、聞いてもらえない時はどうすればいいでしょう。 |

「遊んでいる子に聞こえるように大きな声でもう一度言う。」「何回も言う。」

| 説明２ | そうだね。大きな声で伝えることも何度も話しかけることもとても大事なことだね。それが、自分の気持ちを伝えることなのですね。 |

| 発問４ | 一緒に遊ぼうって言われた子は、何て言ってあげたらいいのでしょう。 |

「いいよ。」「うん。」

| 説明３ | そうだね。そうやって言われると嬉しいね。 |

　その後、遊んでいる子、遊びに入れて欲しい子に分かれて練習し、授業を終えた。
　授業後は、「みんなにこにこ大さくせん」というイベントを企画し、友達に声をかける場面を意図的に設定した。楽しそうに声をかけあう姿が見られ、微笑ましかった。また、イベント後も、声をかけあう様子が見られた。

5　指導案３

「がんばっている友達に声をかけよう」
　何かに一生懸命取り組んでいる友達への励ましの言葉を考えさせる授業である。

| 説明１ | がんばっている友達に声をかける練習です。 |

教師が子ども役になり、かけっこをしている場面を例示する。

| 指示1 | がんばっている友達にどんな言葉をかけてあげますか。
お隣さんと相談しましょう。 |

２分程度時間をとる。

| 指示2 | 思いついた言葉をノートに書きましょう。たくさん書きましょう。
むずかしいなあと思ったら、黒板を参考にしてもいいです。 |

黒板にあらかじめ例を書いておく。「がんばれー。」「いいぞー。」など。ノートに書けた子から持ってこさせて、黒板に書かせる。

| 指示3 | 黒板に書いたものを発表しましょう。 |

気持ちを込めて発表している子をチェックしておく。

| 発問1 | ○○さんの励ましの言葉は、とても気持ちがこもっていました。
そのわけがわかる人？ |

「声が大きい。」「動作がある。」「笑顔で言っている。」など。

| 説明2 | そうやって友達を励ますと、友達はみんなのおかげでパワーアップします。
面白い実験があります。
かけっこをする時に静かな中で走るのと、多くの友達から「がんばれー！」と応援されながら走るのとでは、同じ人でも走る速さが違うそうです。 |

| 発問2 | どっちが速く走れたでしょうか。 |

「応援されたとき。」

| 発問3　では、速く走れたのは、なぜでしょう。 |

「応援されたから。」（皆が応援したから）

| 説明3　「言葉には、力がある。」みんなの思いが言葉に込められて相手の心に届きます。
　　　　友達は、心が燃え上がって力が出ます。「友情の炎」です。
　　　　「友情の炎」は、自分が何かにがんばる時のエネルギーにもなります。
　　　　「よし！　自分だって！」「がんばるぞ！」という気持ちが生まれます。
　　　　自分もがんばれるのです。
　　　　反対に、友達ががんばっているのを見て、「あいつばっかりいいな。」「ずるいな」「うらやましいな」と思う人もいます。
　　　　その気持ちは、友達の心の炎に水をかけてしまいます。
　　　　そして、「友情の炎」を消してしまいます。
　　　　自分自身のがんばる気持ちも消してしまいます。
　　　　絶対にしてはいけないことなのです。 |

趣意説明をして、授業を終える。

（具志　睦）

【参考文献】河田孝文『あなたの授業力が大変身！　河田孝文の授業ナビ講座1　キー・コンピテンシーでつくる「21世紀社会と対話する道徳授業」』
　　　　　　TOSSライフスキル学習研究会
　　　　　　新牧賢三郎企画　TOSS銀河TS田村治男編『友だちづくりスキルBOOK』

（1）第1学年及び第2学年
④集団や社会とのかかわり
友達を温かく応援できる子が育つ「Libera」の授業
～運動会でリレー選抜に選ばれなくても～

1　授業の解説

　学校生活の中では、行事の中で友達がクラスの代表として発表したり、運動会などでは、走力順の選抜メンバーで、紅白リレーをおこなったりすることがある。その中で、「羨ましいな」「ずるい！」と思ってしまうこともある。

　友達を温かく応援できるには「自分が選ばれなくても仲間ががんばってくれているんだ」という友に憧れる気持ちから生じる一体感・連帯感を持たせることが必要である。

　世界的に有名な少年合唱団「リベラ」のヒット曲に「Far away（彼方の光）」という曲がある。その曲の初代ソリスト「マイケル・ホーンキャッスル（Michael Horncastle）」と、2代目ソリスト「トーマス・カリー（Tomas Cully）」のエピソードを子どもたちに示す。

　本授業では、マイケルくんの以下の言葉に集約される心を学ばせる。

　もう僕は以前のように「彼方の光」のソロを歌うことはできなくなったけれど、トム（トーマス）が僕の代わりにとてもうまく歌ってくれたから嬉しいよ。（声変わりは）男の子なら誰にでも起こることだからもう淋しくないよ。

　他のメンバーがうまく歌っているのを聴いて「とてもよかったよ」っていつも褒め合うことにしている。僕らはみんな友達だから、幸せを分かち合えるんだよ。
　　　　　　　　　　　　　　　　　　　　　（「Libera」HPより引用）」

2　実際の授業

　「Far away」の演奏映像を見せる（但しマイケルくんが歌っているもの）。

> 「エンジェル・ヴォイセズ　リベラ・イン・コンサート」(CD/DVD)
> 　　　　　　　　　　　　　　　　　　EMI ミュージック・ジャパン

　1曲聞かせた後、次のように説明する。

> 「リベラ」というイギリスの少年合唱団が歌っています。この曲でソロを歌っているのが、「マイケル・ホーンキャッスル」くんです。

（マイケルくんの写真を提示）
　リベラのホームページに掲載されているので、ダウンロードして印刷して見せる。

> ところが、この時はこんなに歌えていたマイケルくんが、直後に「声変わり」してしまい、この曲の高い音が歌えなくなってしまいます。そして、ソロを、後輩のトムくんに取られてしまうのです。

（トムくんの写真を提示）
「声変わり」については、事前に何かの機会に説明しておく。もし、していなければ、「『声変わり』になると、高い声が出なくなってしまうんだ。」というように伝える。

> みんながマイケルくんだったら、トムくんのことをどう思うでしょうか？

「人のソロを取った。」「かなしいなあ。」
「いやだなあ。」「ずるいなあ。」「つらいなあ。」
　などの意見が出てきた。

> いろいろあるでしょうが、マイケルくんは次のように言っています。

　Libera の HP から次の言葉を引用する。

> 　もう僕は以前のように「彼方の光」のソロを歌うことはできなくなったけれど、トムが僕の代わりにとてもうまく歌ってくれたから嬉しいよ。（声変わりは）男の子なら誰にでも起こることだからもう淋しくないよ。
> 　他のメンバーがうまく歌っているのを聴いて「とてもよかったよ」っていつも褒め合うことにしている。僕らはみんな友達だから、幸せを分かち合えるんだよ。

> では、逆にトムくんは、ソロを交代したことについてマイケルくんに対してどう思っていると思いますか？

「かわいそうだなあ。」
「ぼくが代わりにやってやる。」
「目立つソロがもらえてうれしいなあ！」

> トムくんのそのことへの気持ちについては、どこにも書かれていません。でもね、そのヒントになる映像があるので見せます。歌い始めのトムくんの表情に注目しましょう。

「Far away（彼方の光）」の演奏映像を見せる（但しトムくんが歌っているもの）。

> 「エンジェル・ヴォイセズ　リベラ・イン・コンサート」（DVD）2008
> 　　　　　　　　　　　　　　　　　　　ユニバーサルミュージック

　冒頭のみ見せて一時停止し、感想を書かせる。
「こわい顔をしている。」「緊張している。」

> 今まで先輩が上手に演奏してきたソロを引き継ぐというのはとても緊張します。その先輩を好きで尊敬していればいるほど緊張するのです。トムくんがマイケルくんについてインタビューされた時の資料があります。

LiberaのHPから次のトムくんの言葉を引用する。

> 　マイケルは面白くって、人気がある。
> 　とにかくすごく人を笑わせるのがすき。みんなの人気者なんだ。マイケルのすごいところはグループでつるまないところ。
> 　だからみんなから好かれるんだと思う。

　読み聞かせをした後、「つまり、トムくんはどう思っているの」と聞くと子どもたちは、「マイケルのことが好き」と答えていた。

> トムくんも、マイケルくんのことを決してバカにしているのではなくって、お互いに心から尊敬していることがわかります。

　先ほどの映像の停止した先を視聴させる。

> この曲を最後まで聞きます。トムくんの歌い方を見ますが、実は後ろにマイケルくんも映っています。マイケルくんがどんな顔をしてトムくんのソロを聞いているかも見なさい。

　声変わりした後のマイケルが、トムのソロをうっとりとした表情で聞いている姿を見ることができる。
「マイケルくん、どんな顔して歌っていた？」と尋ねると、「なんか笑ってたよ。」「うれしそうだった。」と答えていた。
「笑っているって言ってたれど、バカにしてたの？」と尋ねると、「それはちがう！」「代わりにやってくれてうれしい笑いだった！」と言っていた。

【子どもたちの感想】
　マイケルくんは、声が出なくてかわいそうだと思ったけど、トムくんが歌ってくれてありがとうとマイケルくんは思っていると思います。

（鈴木恒太）

（2）第3学年及び第4学年
①子どもたちが憧れるエピソードの資料を活用する

1　憧れる存在とエピソード

　イチロー選手、長友選手をはじめとする、さまざまなスポーツ選手に対して憧れをもつ子は多い。

　子どもたちは日本や世界で活躍する有名なスポーツ選手が大好きなのだ。

　そうした選手たちのエピソードが、現在の副読本には取り上げられている。

　また、それらは「不とう不屈・努力」と言われる価値項目に該当する分野で取り上げられていることが多い。

2　副読本の教材

　例えば、『いつかにじをかける　〜高橋尚子選手の走ってきた道〜』（東京書籍　4年）には、マラソンの高橋尚子選手が取り上げられている。ひかえめでおとなしい子どもだった高橋選手は、中学から陸上を始めている。

　大学でもなかなかよい記録を出せなかった高橋選手が、小出監督に出会い、厳しい練習を乗り越えて記録を伸ばしていくエピソードが語られている。そして、金メダルをとってからも、謙虚に練習をひたすら続ける様や、厳しい練習を続けられることについての高橋選手の考え方が書かれている。

　今の子どもたちの心に響くエピソードが、コンパクトにまとめられている副読本の資料を積極的に扱いたい。

3　授業での組み立て

　実際の授業でどのように組み立てるか。

（1）読み聞かせる

　教師が副読本を読んで聞かせるのだ。

　あれこれ前置きをせずに、すっと読み聞かせに入ればいい。

　道徳の資料の読み聞かせが始まっているのがわかれば、教室は自然と静かになる。

（2）感想を書かせる

「今の話を聞いた感想を、ノートに書きなさい。」

　私は、道徳のノートを用意している。

　プリントやワークシートを印刷する手間が省けるし、毎時間同じノートを使うようになると、子どもたちが安定するからだ。

　総合的な学習の時間などと組み合わせて、ノートを用意しておくことをお勧めする。

（3）黒板に書かせる

「ノートに書けたら、自分の感想を黒板に書きなさい。」

　黒板に点を人数分横並びに打っておく。

　子どもたちはその点の下に、縦書きに自分の感想を板書していく。

　ここで注意すべきこと。

感想は、要約して書かせる。

　何も考えずに書かせると、だらだらと長い文書になってしまう。
「要約して書きなさい」という指示で、子どもたちは自分の感想の中から大切な部分を抽出してくる。

　ズラリと並んだ感想を、端から順に読ませる。

- 高橋選手は、はじめからすごかったのではないのを知ってびっくりした。
- 金メダルをとるようになってからも、自分が弱い選手だと思って、練習を続けているなんてすごい。
- どんなに苦しくても、いつか虹をかけたいと思って走り続けたから、いい結果になったのだなと思う。

　教科書の出来事に触れた、様々な感想が並ぶ。ここでは、とにかく書いてある通りに読ませる。余分な言葉を付け足していると、時間がいくらあっても足りなくなる。

（4）意見の交流をさせる

「前に書いてあることについて、意見を言いなさい。」

　この指示で、子どもたちは指名なしで意見を言い始める。

「○○さんは、高橋選手のようにがんばりたいと書いていますが、どんなこと

でがんばりたいのですか。」

「私は、ピアノを習っています。難しい曲が弾けずにいやになることもありますが、あきらめずに何度も練習していこうと思います。」

自分自身のことがテーマだから、比較的答えやすい。

子どもたちは、友達との意見の交流を楽しむようになる。

自分のクラスの友達ががんばろうとしていることを直接聞くことは、子どもたち自身にとても刺激になる。

(河田孝文氏の追試)

（5）追加教材

ここで、通常なら再度感想を書かせるところだが、こうした心に刻まれるエピソードをもう1つ持ってくる方法がある。

例えば、先に述べたイチロー選手や長友選手は、努力に努力を重ねていることがよく知られている。また、スポーツ分野に限らず、絵や音楽の分野から持ち込むのも1つの手だ。

そうしたエピソードを、1時間の授業の中にもう1つ持ち込むのだ。インターネット上には画像や動画がたくさんある。さらに、書籍などには、具体的なエピソードが掲載されている。

複数枚の画像を見せられるようなコンテンツをパワーポイントなどで作成し、視覚に訴えながらもう1人の人物を扱うことで、子どもたちはさらに、エピソードを深く心に刻むことになる。

こうした授業の方法を、私は河田孝文氏から学んだ。

4 人物を扱うときの注意点

現在も活躍している（生きている）さまざまな人物を自作資料として扱うときには少々注意が必要だ。生きている人物は、その人についての価値づけが今後も変化し続けることになる。つまり、扱った人物が、後で価値を下げてしまうこともあるからだ。

(信藤明秀)

（2）第3学年及び第4学年
②エピソードで語る授業

1　エピソードで語る

　中学年の子どもたちは、グループを作って行動することが多い。

　グループに入れてくれた、入れてくれなかったということで、トラブルになることが多々ある。

「グループに入れない」という、相手の気持ちを考えない行動を許してはならない。

「相手のことを心から考える」ということを、心に刻み込むためにはどうすればよいか。

> エピソードで語る。

　日ごろ騒がしい子どもたちも、目の前に情景が浮かび上がるような話が始まると、シーンと静まり返る。抽象的な説教をしても聞かない子どもたちも、エピソードで語ると、自分と重ね合わせて聞くようだ。エピソードで語り、最後に感想を書き、交流すればいい。

2　エピソードで正しい考え方を入れる

　いじめのない学級づくりは、喫緊の課題だ。

　教師は、授業を中心に、ありとあらゆる方法を使って、いじめのない学級づくりをする必要がある。例えば、いじめの芽を発見した時、子どもたちの中に、「いじめを許さない」という正しい考え方があれば、状況は変わってくる。

3　いじめの芽を許さないエピソード

　先生がみんなと同じ3年生の頃のお話です。

　休み時間に教室で友達と遊んでいると、廊下からA君が入ってきました。A君は少ししょんぼりとしているようでした。

　昼休み、A君は1人ぼっちで椅子に座っていました。何かしているわけでは

なく、ただぼうっと座っているのです。
　ぼくはＡ君に話しかけました。
「何かあったの？」
　Ａ君は、はじめ少し迷っているみたいでしたが、話してくれました。
「さっきの休み時間、Ｂ君たちとサッカーをしようと思っていたんだ。５人ぐらいでやっていたから、ぼくも仲間に入れてって言ったら、『もう人数いっぱいだから無理だ』って言われたんだ。」
「それでしばらく鉄棒のところでサッカーを見ていたら、Ｃ君が来てサッカーに入ったんだよ。ほかにも何人かがサッカーに入って……。」
「もう入れるようになったのかなと思って、もう１回ぼくも『一緒にやらせて』って言いに行ったら、やっぱり無理だって言われて……。」
（ここでいったん話を切った。）
「仲間に入れてって言ったけど、断られたという経験がある人？」
　子どもたちの多くが手を挙げる。
　経験が何度かあるようだ。
「みんなにも同じようなことがあるんだね。」
（話を再開する。）
　この話には続きがあります。
　ぼくは、しばらくＡ君を入れて一緒にけん玉をして遊んでいました。でも、なんかすっきりしないのです。
　そう。さっき、「無理だ」って言ったＢ君のことが気になっていたからです。

　ぼくは、Ａ君と一緒に運動場に出ました。
　Ｂ君は、いつものメンバーとサッカーをしていました。
「Ａ君。ぼくも一緒にサッカーやらせてって言うから、行こう。」
　そう言って、２人でＢ君たちのところに行きました。
　そして、ぼくは言いました。
「ねえ、Ｂ君、一緒にサッカーやらせて。」
「いいよ。」

第3章　学年別道徳授業

　A君も言いました。
「ぼくもやらせて。」
　B君は、いいよとは言いましたが、なんだか少しいやそうでした。そこで、ぼくはB君にききました。
「なんで、B君が入れてって言ったら、いやそうにするの？」
「べつに……。」
「正直に言ってよ。」
　B君は、D君に「A君を仲間外れにしろ」と言われて、仲間外れにしたのだと言いました。
（ここで再度いったん話を切った。）

「先生は、この後、何と言ったと思う？」
「仲間外しはいけないから、やめた方がいいよ。」「A君がかわいそうだから、やらない方がいい。」
「先生も、同じようなことを言いました。『仲間外れはしちゃいけない』って。」
（話を再開する。）
　そしたら、B君はこんなふうに言いました。
「だって、仲間外れにしなかったら、今度はぼくがやられるもん。」
「それは間違ってる。仲間外しをする方が間違ってるよ。もし、しつこくD君が言ってくるんだったら、先生に相談すればいい。」
　この後、B君は仲間外しをやめました。
　D君にも「ぼくは、仲間外しをしない」って言ったんだそうです。
　後から、先生は、A君に「ありがとう」って言われました。
　仲間外しは間違ってるって、はっきり言ってくれて嬉しかったんだそうです。
　A君と先生は、大人になった今もずっと友達です。
「今の先生のお話を聞いた感想を書きなさい。」
　この後は、感想の交流をするなど自由自在だ。
　この話は、実体験をもとにしつつ、今のクラスの子たちに合わせて、学年、状況などを変化させて話した。
　エピソードで語ることで、子どもたちが正しい考え方を持つよう育てたい。

（信藤明秀）

（2）第3学年及び第4学年
③他の人とのかかわり「人を思いやる優しさ」を教える授業

　アメリカのエピソードと日本のエピソードを交えながら実践する。どちらの話も「力のある資料」である。そのためムダな発問はしない。
「①読む→感想を聞く、②読む→感想を聞く、③読む→感想を聞く」のパターンで進めて行く。
　以下の内容で授業を展開する。
①アメリカのエピソード前半
②日本のエピソード
③アメリカのエピソード後半

1　アメリカのエピソード前半

説明1　アメリカで本当にあった話です。

　赤ちゃんを抱いた母親がバスに乗っていました。抱いた赤ちゃんは大きな声で泣き続けています。まわりにはたくさんの乗客がいました。
　泣き止まない赤ちゃんの母親に
「赤ちゃんが泣き止まないならバスを降りなさい。」
　女性運転手が言いました。
　みんなの迷惑になると思ったのでしょう。
　仕方なく母親は赤ちゃんを抱いてバスを降りました。

指示1　今の話を聞いた感想をノートに書きましょう。

2　日本のエピソード

説明2　次は、日本で本当にあった話です。

第3章　学年別道徳授業

「バスと赤ちゃん」

　東京にいた今から16年程前の12月も半ば過ぎたころの話です。

　私は体調を壊し、週二回、中野坂上の病院に通院していました。その日は今にも雪が降り出しそうな空で、とても寒い日でした。

　昼近くになって、病院の診察を終えバス停からいつものようにバスに乗りました。

　バスに座る席はなく、私は前方の乗降口の反対側に立っていました。

　社内は暖房が効いていて、外の寒さを忘れるほどでした。

　まもなくバスは東京医科大学前に着き、そこでは多分病院からの帰りでしょう、どっと多くの人が乗り、あっという間に満員になってしまいました。

　立ち並ぶ人の熱気と暖房とで先ほどの心地よさは一度になくなってしまいました。

　バスが静かに走り出したとき、後方から赤ちゃんの火のついたような泣き声が聞こえました。

　私には見えませんでしたが、ギュウギュウ詰めのバスと人の熱気と暖房とで、小さな赤ちゃんにとっては苦しく泣く以外方法がなかったのだと思えました。

　泣き叫ぶ赤ちゃんを乗せて、バスは新宿に向かい走っていました。

　バスが次のバス停に着いた時、何人かが降り始めました。

　最後の人が降りる時、後方から、

「待ってください。降ります。」

と、若い女の人の声が聞こえました。

　その人は立っている人の間をかきわけるように前の方に進んできます。

　その時、私は、子どもの泣き声がだんだん近づいて来ることで泣いた赤ちゃんを抱いているお母さんだな、とわかりました。

　そのお母さんが運転手さんの横まで行き、お金を払おうとします。

　すると運転手さんは

「目的地はどこまでですか?」
と聞いています。
　その女性は気まずそうに小さな声で、
「新宿駅まで行きたいのですが、子どもが泣くので、ここで降ります。」
と答えました。
　すると運転手さんは、
「ここから新宿駅まで歩いてゆくのは大変です。目的地まで乗って行ってください。」
と、その女性に話しました。
　そして急にマイクのスイッチを入れたかと思うと、
「皆さん！　この若いお母さんは新宿まで行くのですが赤ちゃんが泣いて、皆さんにご迷惑がかかるので、ここで降りると言っています。子どもは小さい時は泣きます。赤ちゃんは泣くのが仕事です。どうぞ皆さん、少しの時間、赤ちゃんとお母さんを一緒に乗せて行って下さい。」
と、言いました。
　私はどうしていいかわからず、多分皆もそうだったと思います。ほんの数秒かが過ぎた時、1人の拍手につられて、バスの乗客全員の拍手が返事となったのです。
　若いお母さんは何度も何度も頭を下げていました。

指示2　今の話を聞いて感想をノートに書きましょう。

3　アメリカのエピソード後半

説明3　最初のアメリカの話に続きがあります。

　泣き止まない赤ちゃんの母親に「赤ちゃんが泣き止まないならバスを降りなさい。」女性運転手が言いました。
　みんなの迷惑になると思ったのでしょう。
　仕方なく母親は赤ちゃんを抱いてバスを降りました。すると、ある女性が赤

ちゃんを抱いた母親に続いて降りました。同じように、乗客は次々と降りて行きました。バスには1人も残っていません。これは、女性運転手への抗議だったのです。中には、急いでいる人もいたでしょう。まだまだ先の停留所まで乗る必要があったかもしれないのに、同調して下車しました。

　ある女性が母親に声をかけました。
「あなたひとりにはしない。応援したいから降りたのよ。」

指示3　授業の感想をノートに書きましょう。

【参考】テレビ番組「Mr.サンデー」、日米の「バスと赤ちゃん」（2012年11月25日放送）http://yamahiro8.biz/category5/bus66633221.html

（澤近亮祐）

（2）第3学年及び第4学年
④自然愛から木育につなげることで広がりが生まれる

1　「木育」とのつながり

　学習指導要領の内容項目に「自然のすばらしさや不思議さに感動し、自然や動植物を大切にする」という記述がある。

　いわゆる「自然愛、動植物愛護」と言われる価値項目は、今後、極めて重要になるテーマに関連している。

　それは、「木育」だ。

「木育」とは、「木材や森林との関わり合い、知育・徳育・体育の3つの側面を効果的に育む取り組み」のことだ。

　現在、林野庁が中心となって各方面の組織が協力して進めている。

「木育」「林野庁」でWeb検索すると、参考になる資料を読むことができる。

2　授業の組み立て
（1）資料

「『ふれあいの森』で」（東京書籍）など、森林に関する資料が、複数の会社の教科書で扱われている。

　森林の存在意義を、わかりやすくコンパクトにまとめた資料だ。

　基本的にはどの資料でも同じような組み立てで授業できる。

（2）知っていることを書かせる

　森林について知っていることをノートに書かせる。

（3）読み聞かせ

　資料を教師が読み聞かせる。

（4）感想をノートに書かせる

　道徳ノートなどに感想を書かせる。

（5）感想を要約して黒板に書かせる

　黒板に打ったドットの下に、感想を縦書きにさせる。

（6）意見を交流

　黒板に書かれた感想をもとに、指名なし発表で、交流し合う。

3 木育としての授業

意見の交流の後の、「木育」につなげる展開を以下に示す。

| 発問 | 次のものに共通して使われているものは何ですか。 |

（画像を１つずつ見せ、子どもとやり取りする。）
「木」ですね。

| 発問 | 「木」について知っていることを、できるだけたくさん、ノートに書きなさい。 |

「紙の原料になる。」
「いいにおいがする。」
「燃える。」など……。

| 説明 | 木がたくさん生えている林や森は、このように使われています。 |

（画像を１つずつ見せ、子どもとやり取りする。）

| 説明 | 山に降った雨をしみこませたり流したりして、災害が起こらないようにもしています。 |

| 発問 | こうした森林の働きは、何を助けると言えますか。 |

「くらしを助ける」など。

| 説明 | 今問題になっている地球の温暖化を防ぐ働きもあります。 |

木の光合成のしくみや地球温暖化のしくみを簡単に図と絵で表し、示す。

| 発問 | こうした森林の働きは、何を助けると言えますか。 |

「地球を助ける」など。

| 説明 | 他にも森林は人の心を落ち着かせたりする働きもあると言われています。 |

画像で例を示し、体験を引き出す。

| 発問 | 森林が、何を助けると言えますか。 |

「人の心を助ける」など。

発問	世界の森林は、近頃増えていると思いますか。減っていると思いますか。

説明	減っています。毎年、日本の国土の約5分の1くらいが減っています。

発問	日本の森林は、近頃増えていると思いますか、減っていると思いますか。

説明	ほとんど減っていません。人々が手入れをし、木を植えるなどしているのです。

発問	しかし、問題が出てきています。どんな問題だと思いますか。ノートに書きなさい。

説明	手入れをしたり木を植えたりする人が減っているのです。

指示	私たちにできることを、ノートに書きなさい。

　この後、隣の子ども同士で話をさせたり、全体で意見を交流したりする。なお、Web上には森林に関する様々なクイズがある。楽しみながら学んだり、木育について知ったりすることができる。パソコンでの授業用の資料が必要な方は、信藤（akirika9952@ybb.ne.jp）まで。

（信藤明秀）

（2）第3学年及び第4学年
⑤自然や崇高なものとのかかわり
命の授業～いのちのバトン「相田みつを」の詩を使った授業

1
「相田みつを」氏の作品を使う。（『にんげんだもの』文化出版局）

> 指示1　自分の大好きな花を一輪、ノートに描きます。花を描いて。茎を描いて。最後に根を描きます。簡単でいいです。

※「知っている花なら何でもいいんだよ。」「大好きな人にプレゼントするような花を大きく描きなさい。」など机間巡視しながら声かけしていく。

> 発問1　みなさんは、「花」・「くき」・「根」のうちどの部分が一番好きですか。ノートにどれか1つ書きなさい。

※座らせたまま何人かに尋ねたあと、挙手にて人数を確かめる。
「花」……○人、「くき」……○人、「根」……○人

> 発問2　「花」が好きだと答えた29人の人に聞きます。どうして「花」が好きなのですか。

「きれいだから。」「くきは緑色だけど、花はいろんな色があるからです。」

> 指示2　「根」が好きだと言った、わけを教えてください。

「花はいばっているというか、根は縁の下の力持ちというか、そういうところがすき。」
「抜いたら、形が複雑になっているところがおもしろい。」

| 指示3 | 「くき」って言った人、わけを言ってください。 |

「好きなのはコスモスだけど、いっぱいあると風に揺れてゆらゆらするところがいいです。」

| 指示4 | これから先生がある詩を書きます。同じようにノートに写しなさい。 |

【板書】

```
花をささえる枝
枝をささえる幹
幹をささえる根
根は（　　　　）だなあ。
```

| 指示5 | 書き終わった人から、立って１回読みなさい。（　）の部分は、なになにと読みなさい。 |

| 発問3 | さて、最後の部分、空欄になっています。この中に、ある言葉が入ります。どんな言葉が入るのでしょう。 |

（かっこいい）（美しい）（力強い）（元気）

| 説明1 | この詩を書いた人は、相田みつをという人です。このように書いています。
赤鉛筆で書き込みなさい。（板書）「みえねん」 |

※詩の音読をもう一度する。

> 発問4　さて、きれいに咲いている花が自分だとしたら、根にあたるものは何だと思いますか。ノートに書いてごらんなさい。

（お母さん）（家族）（地球）（愛情）（命）

> 説明2　「花」を「自分」という言葉におきかえて心の中で読みます。相田みつをさんは、この詩で何を伝えたいのでしょうか。

※もう１つの詩を静かに語るように読み聞かせる。（題名は読まない。）

自分の番
いのちのバトン

父と母で２人
父と母の両親で四人
そのまた両親で八人
こうしてかぞえてゆくと
十代前で千二十四人
二十代前では──？
なんと百万人を越すんです

過去無量の
いのちのバトンを受けついで
いま　ここに
自分の番を生きている
それが
あなたのいのちです
それがわたしの
いのちです

| 第3章 | 学年別道徳授業 |

| 指示6　ノートに今日の授業の感想を書きなさい。 |

（人間は家族などの支えで生きていると改めて感じました。）（自分だけでなく自分の親、そのまた親、そのまた親と命がつながっていることに気づいた。自分はとても多くの人の血を受け継いでいるんだと思いました。）

※最後に、次の内容を淡々と語る。

| 説明3　今まで築き上げてきた、そして受け継がれてきた命のバトン。あるところで不用意にポトッと落としてしまったら、もうそこで途絶えてしまう。
　だから最近のニュースや報道などで、子どもたちが自分で自分の命を絶ってしまういたましいニュースを耳にすると、実に心が痛みます。悲しみは深く深く大きいです。君たちが言ってくれたように、あなたたちが生まれてくるまで、お父さんお母さん、そしておばあちゃんおじいちゃん、たくさんの人が関わっています。
　もちろん何代も前のことなんか私たちは知るよしもないが、その人たちのおかげで、今の自分がいる。今あなたたちは「花」で、まさしく「花」で、大事にご両親に育てられています。そういう見えない支えのおかげに感謝しながら、そして君たちは次に枝に幹になっていくんです。そして「根」になるんだよ。「家族」。いつも温かな御飯。当たり前にあるもの。お父さん。お母さん。なくなったらどうなるのでしょう。
（間）
誕生日ってありますよね。先生はこのごろ思うんです。誕生日は、自分をこの世に生んでくれたお母さん、お父さんに感謝する日。そう思うんです。10歳になった。10歳まで元気に育ててくれてありがとう。父母のおかげだよって感謝する日だと思うんです。終わります。 |

【引用文献】命の授業〜いのちのバトン
http://www2.ocn.ne.jp/~boss/baton.htm
三浦弘氏実践　　　　　　　　　　　　　　　　　　　　　　（澤近亮祐）

（2）第3学年及び第4学年
⑥集団や社会とのかかわり
兵庫県の道徳副読本のトピックを扱った授業

兵庫県が作成した『兵庫県版道徳副読本』が画期的である。

これまでの、徳目重視の内容から、子どもたちにも読みやすいものとなった。

さらには、取り上げている内容が、兵庫県にゆかりのある人物となっている。

そして、何よりすばらしいのが、個人配付であること。これまでの副読本は、学校保管（同じ本を何年も使うようにしている）が基本だった。それに対し、個人配付することで、書き込みなどができるようになった。（写真は、中学年用副読本「心きらめく」）

1　古市忠夫さんの授業

スマートボードに石川遼選手の写真を示しながら、尋ねる。
「知っている人？」
「知ってる！　石川遼選手。」
と子どもたち。簡単に説明する。

高校1年生の時、プロの大会で優勝したこと。（世界記録でギネスブックにも掲載されている。）
16歳でプロになったこと。（最年少記録。）
その後もプロで活躍していること。

さらに、プロゴルファーになるためには試験があること（石川選手は、プロの大会で優勝したため、テストは免除されている）などについても話をする。

「プロテストを受験した人が、平成22年度は1076人いました。その中で、合格した人は何人くらいだと思いますか？」

子どもたちに予想させる。「5人」と言う子から、中には「1000人」と予想する子まで、7通りの答えが出る。

「正解を見たい？」と教師。
「うん、うん。」
「でも、姿勢がなあ。」と言うと、ピシッと姿勢よく座る子どもたち。
「じゃあ、見せるよ。」

と、スマートボードの画面を操作して、少しずつ数字を見せていく。合格者は53人。

教師「100人がテストを受けると、合格できるのは5人くらいなんですね。」
「きびしい……。」と子どもが呟く。
教師「少し、話題を変えます。」
と、画面にあるおじさんの写真を提示する。

「古市忠夫さんと言います。現在、71才。（平成23年度当時）実は、この古市忠夫さん、59才と11ヶ月の時に、ある夢を叶えました。どんな夢だと思いますか？」

予想させる。いろいろなものが出てくる。
「宇宙旅行に行く。」「総理大臣！」「大統領になる。」「弁護士になる。」「世界を平和にする。」「アカデミー賞！」……
いろいろ出させた後、教師が
「答えが、この本の中にあります。探してごらんなさい。」
と言い、副読本に入っていく。

2　思考と副読本の往復運動

古市忠夫さんの話は、次のような内容だ。

> 神戸でカメラやさんを営んでいた古市さん。1995年に起こった阪神・淡路大震災で、古市さんの自宅も被災する。その時、奇跡的に残っていたのがゴルフバッグだった。そのことがきっかけで、ゴルフのプロテストを受ける決意をした古市さん。震災にあった人のボランティアをやりながら、59才11ヶ月で合格。古市さんは、自分の努力だけでなく、周りの人の支えに感謝することを学んだと言っている。

教師「古市さんが叶えた夢は、何でしたか？」
「プロゴルファーになることです。」
プロゴルファーと、黒板にも書く。
この古市さんのお話は、本にもなっている。
テレビでも取り上げられ、映画になったことも話す。
古市さんは、その後も、ゴルフの大会（シニアの部）に出場し、優勝もされている。
そんな話もしながら、次の写真を見せる。
おじぎをしている古市さんの写真だ。
教師「何に対しておじぎをしているので

しょう。」
　子どもたちに考えてもらい、隣同士で言い合わせる。
「見ている人。」「ゴルフ場の人。」「家族。」など、いろいろな意見が出てくる。

　もう一度、副読本に戻ると、次の文がある。

> しんさい、ふっこうというけい験を通して、自分１人の力で生きているのではなく、周りの人とささえ合って生きているということを実感しました。プロゴルファーになれたのは、あきらめずにがんばったからだけではありません。毎日生きていて何かをできるということ、がんばれることの大切さを、しんさいによって気づいたからだと思います。

　黒板に、「感謝」と書く。
教師「感謝には、目に見えるものもあれば、目には見えないもの、形のないものもあります。例えば、Ａくんが頑張っていることって、何ですか？」
「サッカー」と答えるＡくん。
教師「じゃあ、そのサッカーをやるのに、周りで、支えてくれている人がいますね？」
「家族。」「監督。」「チームメイト。」と答える。
　こうして、子どもたち１人１人、それぞれにがんばっていることと、それを支えてくれている人をマインドマップに書かせる。その人たちがどのようなことで支えてくれているかも書き加えさせることで、自分たちが、多くの人に支えられていることに気づかせることができる。

（国友靖夫）

（3）第5学年及び第6学年
①自分に関すること　夢をかなえるために

1　高い目標を持つ

　学習指導要領における「（2）より高い目標を立て、希望と勇気をもってくじけないで努力する。」ことを意識した授業である。
　夢をかなえた3人のプロ野球選手の生き方から、夢の実現について考える。

2　授業の実際

> 小学生に将来の夢を聞きました。第一位は何だと思いますか？

　プロ野球選手です。毎日何万人という人が試合の応援にやってきます。雑誌の表紙になったりCMに出たりすることもあります。

> プロ野球選手とはどんな職業ですか？

「野球がうまい。」「はなやか。」「かっこいい。」

> プロ野球選手の平均の給料を調べてみました。阪神タイガースという球団がありますが、1年間の選手の平均給料はいくらくらいだと思いますか？

　平均5287万円である。

> プロ野球選手とはどんな職業ですか？

「お金持ちになれる職業。」

> では、プロ野球選手は何年くらい選手として活躍できるのでしょうか？　予想してご覧なさい。

平均選手寿命は5〜7年と言われている。

毎年何人の人がプロ野球選手になれるのでしょう？　ちなみに日本で一番難しい大学（東京大学）には毎年2500人ほどが入学します。

70名ほどしか入れない狭き門である。

どんな人がプロ野球選手という夢をかなえることができますか？

「野球のうまい人。」「天才。」といった声が予想される。

3人のプロ野球選手を紹介します。

　A選手です。赤で書いてある部分を読みましょう。（プレゼンテーションの画面を読ませる）
「高校3年生時は、広島県大会1回戦で敗れ、甲子園出場はかなわなかった。
　プロに行きたいと思っていたがドラフトで指名されることもなかった。
　大学進学の際は志望する大学のテストを受けられず、浪人。予備校に通いながら、別の大学のテストを受けたものの、不合格。
　幸い、紹介してくれる人があって仙台にある東北福祉大学に入学でき、野球を続けられることになった。」
　B選手です。
「初試合は小学4年生。記念すべきデビュー戦である。そんな楽しい話ではない。スコアが0－36という極端なものだったのだから。
　少年野球の強豪チームを地区から探した。ところが『ブラックサニーズ』には、僕よりうまい子がいた。実際、その友達を抜くことはできず、エースにはなれなかった。
　甲子園とは無縁のままに終わった僕の高校野球生活。『大学へ行って、野球

を続けよう。野球だけじゃなく、勉強もがんばろう。教員資格を取って、教師を目指したい。そうすれば、大好きな野球と、一生かかわっていくことも夢じゃない』

『プロ』という選択肢は『夢』であって『現実』ではなっ たのだ。」

　C選手です。

「不安は的中した。(高校) １年生で早くも挫けそうになって、やめたくなったのだ。ピッチャーとして何回かチャンスをもらったのだけれど、打たれて打たれて、もうどうしようもない。ピッチャーとしてはクビになって、それでも打撃がちょっとよかったから、何とか外野でいけるかと球拾いばかりやっていた。」

感想をどうぞ。

この３人、何とかギリギリでプロ野球選手になることができました。プロに入ったとき、３人はどんな気持ちだったと思いますか？

　子どもたちに感想を聞いて、それぞれのプロに入ったばかりの頃の様子を紹介する。

A選手

「実際にプロに入ったら、レベルの違いにがく然とした。

『とんでもない世界に入ってしまった。こんなすごいところでやっていくのは、とても無理だ。すぐクビになる』素直に思った。

　一軍に定着してレギュラーになることすら想像できなかったのである。」

B選手

「三塁側のブルペンで投げている僕のところに、監督が見に来た。なんとか目立とう、いいところを見せようと張り切って投げる。そんな僕に監督はこう言ったのだ。

『おい、いつになったら本気で投げるんだ？』

『ずっと本気で投げてますけど……』

　こう答えた時の監督の驚いた顔を見たら、絶望的な気分になった。」

C選手

「初めてのシーズンに臨んだのだけれど、結果は2勝1敗の成績。自信喪失で、すっかり気持ちが落ち込んでしまっていた。

『このまま来年を迎えたら、おれはおそらく、あと、2年か3年でクビだなあ』

そこまで思いつめていた。自分の気持ちとしては、崖っぷちに立っているという感じだったのだ。このままでは、もうプロとしてはやっていけない。プロ入り1年目の秋には、絶望的な気持ちになっていた。」

今紹介した3人の選手は、プロ野球の歴史に名を残すような大選手になります。

A選手、金本知憲選手です。連続試合フルイニング出場の世界記録を持っています。1492試合、全ての試合に途中で交代することなく出続けました。この記録は今後破られることはないだろうと言われています。

B選手、山本昌投手です。27年間中日ドラゴンズの柱の選手として活躍し、現役最年長を更新中です。プロ野球史上24人目の200勝を達成しました。

C選手、桑田真澄投手です。読売ジャイアンツのエースとして活躍しました。そして、アメリカに渡り、39歳でメジャーリーガーとしてデビューしました。

ここまでの感想をノートに書きなさい。

3人はそれぞれ自分を伸ばし、夢を実現させました。3人の生き方から、夢をかなえるために大切なことを考えてノートに書きなさい。

このように話して、3人がどのような気持ちで逆境を乗り越えていったのかを伝える資料を配付した。

（配付資料）

金本知憲

「『今できることを着実にやっておこう』

その気持ちが私の『原点』だった。この気持ちが私をこれまでずっとつなげてきた気がする。

プロとのレベルの違いに直面した時、何度もあきらめた。だが、同時に私はこう『覚悟』を決めた。『今は実力が足りないから、期待されなくてもしかたがない。』『だが、2、3年後には絶対に戦力になる。』そのために、『もっと、もっと練習をしよう。』

1つだけ私が大切だと思っていることをあげるとすれば、月並みだが『目標を持つ』ことになる。そうやって、いつも数年先を見据えて、より高い目標を掲げてきたから努力——それを努力と呼ぶならの話だが——を継続することができたのだと思う。」

山本昌

「『今年も勝てなかったら終わり』と心に決めて11月から練習に取り組んだ。どうせやるのなら悔いが残らないようにと、自分が調子がよかった頃の映像を取り寄せて、フォームを徹底的に研究した。

今の自分でもやれることをとりいれた。

どうやったら『正しい努力』を生み出せるのか。

それは『観察力』に行き着くのだと思う。周囲を見渡す。全員が自分よりうまい。では、何が足りないのか。どこが違うのか。どうやれば近づけるのか。模倣でもいいと思う。それを感じる心、着眼点、好奇心、突き詰めていく探究心……。決してアスリートの世界だけの話ではないのではないか。」

桑田真澄

「『よし、目標を持とう！ 今年は2勝で終わったから、来年8勝すれば、2年で10勝だ。まず10勝達成を目標にしよう。よし、来年は8勝だ。』

僕はいつも目の前のことに、精一杯努力するけれど、その成果は急がない。今の結果よりも、何年か先のより大きな成果を目指して、努力しているのだ。

プロ2年目から球種を増やし始めた。ストレートとカーブに加えて、スライダー、シュート、フォークと5つの球種を、武器にしている。この球種の増やし方も、自分流だった。決して成果を急がなかった。僕は2年に1種類ずつ、ゆっくりと自分のものにしていった。結果的には、計画的にやって良かったと思う。もしフォークを投げて、三振を取っていたら、きっと味を占めて、苦しくなるたびに、フォークをどんどん使っていたことだろう。その結果、怪我をしていたかもしれない。肘や肩を傷めて、もう投げていないかもわからない。」

（吉谷 亮）

（3）第5学年及び第6学年
②他の人とのかかわり （1）みすゞさんを通して伝えたい心

1　異なる意見や立場を大切にする

　学習指導要領における「（2）だれに対しても思いやりの心をもち、相手の立場に立って親切にする。」ことを意識した授業である。

　金子みすゞの「なしのしん」という詩を題材に行った。

2　授業の実際

「土」の1連、2連を表示する。

　そして、全員で読み、わからない意味がないか質問を受け付ける。

```
　　　　　土

こっつん　こっつん
打たれる土は
よい畠になって
よい麦生むよ。

朝から晩まで
踏まれる土は
よい路になって
車を通すよ。
```

指示1　気づいたこと、感じたこと、思ったことをノートに書きなさい。

　書けた子ども数人に発表させる。
- どうして、金子みすゞさんは土のことで詩を書いたのかな？　不思議に感じました。
- 土はいい役目をしている詩だと思った。
- この詩は、ぶたれたり、ふまれたり……、ちょっとかわいそう。

　その後、3連を表示する。

```
打たれぬ土は
踏まれぬ土は
要らない土か
```

指示2　本当にいらない土なのですか？　いらなかったらノートに○、そんなことないという人はノートに×をつけなさい。

挙手で人数を確認すると、全員×にしていた。理由をノートに書くように指示して発表させる。
- ぶたれなくたって、ふまれなくたって、土はいろいろなものに活躍できるから。
- 私たちが使う生活用品などでも使えるまで使うのと同じで、ぶたれたりふまれたりしない土でも、いろんなことに使えるはずです。

次に4連を表示して、みすゞさんはどのように考えたのかを子どもたちに見せた。

（4連）
いえいえそれは
名のない草の
お宿をするよ。

指示3　この詩を読んで、みすゞさんはどんな人だと感じましたか？　ノートに書きなさい。

子どもたちからは次のような感想が出された。
- いらない物はないんだと思った。
- どんな物にも、必ずいいところがある。それを見つけているんだと思った。
- みんな平等に思っている心のやさしい人だなあと尊敬しました。

（1・2・3連）
なしのしん

なしのしんはすてるもの、だから
しんまで食べる子は、けちんぼよ。

なしのしんはすてるもの、だけど
そこらへほうる子、ずるい子よ。

なしのしんはすてるもの、だから
ごみばこへ入れる子、おりこうよ。

多くの子どもたちが、みすゞさんの全てのものには役割があるんだという考えに共感を寄せていた。そこで、さらに「実は、もう1つみすゞさんは土と似ている詩を作っています。どこが似ているのでしょう」と言って「なしのしん」という詩を紹介する。

ここでも全ては見せずに、3連までを表示する。全員で3連までを読み、わ

からない意味はないか質問を受け付ける。

| 発問1　しんまで食べる子は本当にけちんぼなのですか？ |

挙手で確認する。
けちんぼでないという子数人にその理由を聞いていく。「しんまで食べるというのは、なしを大事にしている。」という意見が出された。
ここでは、出た意見はすべて認め、同様に次の発問をする。

| 発問2　そこらへ捨てる子は本当にずるい子なのですか？ |

こちらも挙手で確認し、ずるい子ではないという子に理由を聞いてみる。
・肥料になる。
・自分もやっている。
等の意見が出た。
「ではみすゞさんは、どのように考えたのでしょう。」と言って、残りの連を表示する。
子どもたちからは「おお」とか「なるほど」という声がもれる。また、みすゞ

（4・5連）
そこらへすてたなしのしん。
ありがやんやら、ひいてゆく。
「ずるい子ちゃん、ありがとよ。」
ごみばこへいれたなしのしん、
ごみ取りじいさん、取りに来て、
だまってごろごろひいてゆく。

さんの表現の面白さに対しての笑顔もこぼれていた。その後、授業の感想を書かせた。

・「土」の場合は、土をなんでも使うというやさしい人で、「なしのしん」の場合は、ずるい子だけど、役だったという詩で、何でもいらない物はないといういい人だと思いました。
・どんなにいらないもの、いらなくなったものでも、絶対誰かに必要とされているのだなと思いました。みすゞさんはそんな思いで、詩をかいていったのだと思いました。

（吉谷　亮）

（3）第5学年及び第6学年
②他の人とのかかわり　（2）本当の思いやりについて考える授業

1　乙武洋匡さんを授業する

　東京書籍刊の5年生の副読本に、乙武洋匡さんの資料がある。「『オトちゃんルール』は『あたりまえ』のルール」というお話である。乙武洋匡（ひろただ）さんの『五体不満足』（講談社）の本の中からエピソードをいくつか紹介した。

> オトちゃんが生まれた時、お母さんはどのように思ったと思いますか？

「『かわいい』と思ったそうです。」

> オトちゃんは、遠足に行ったと思いますか？

「みんなに車椅子を押してもらいながら、遠足に行けたそうです。」

> オトちゃんの好きな教科は、何だと思いますか？

「体育です。」

　子どもたちにとって、予想と違った答えだったので、授業は活気づく。さらに、乙武さんのVTRを問いのあとに紹介する。VTRは、今から、十数年前に「徹子の部屋」というテレビ番組に出演していた時のことを、録画しておいたものである。

> 乙武さんは、どのように食事をすると思いますか？

「食べさせてもらう」という意見がほとんどであった。口で上手にスプーンを使って、自分の力だけで食事をする様子に驚いていた。

> 乙武さんの趣味は、何だと思いますか？

誰も予想することができなかった。答えは、写真撮影である。

カメラを上手に使って、撮影する様子を見ることができた。

電動車椅子を使って、自由に動き回る乙武さんに、子どもたちは驚いていた。

副読本の資料を、読み聞かせて、感想を書かせた。

「体が不自由なのに、車椅子で自由に動けてすごいと思った。」

「自分で食事ができてすごいと思った。」

「カメラを使えることがすごいと思った。」

「体の不自由なオトちゃんを、仲間はずれにしない友達はいいと思った。」

VTRや書籍などからの情報と、副読本の資料から言えることがいろいろとあって、感想がばらばらになってしまっていた。副読本の資料にある「特別なルールではない」ということについて、感想を言うものは、いなかった。教師がねらった感想が出なかったのだ。つまり、組み立てが、バラバラであったのだ。

2　河田孝文氏の授業

TOSS/Advance例会で、乙武さんに関する授業について、河田氏より紹介があった。TOSSランドNo.5439035に授業がある。

乙武洋匡氏出演の「徹子の部屋」を見せた。今から7年前のビデオ。『五体不満足』出版直後の超有名人だった。

今の子どもたちは、私から名前を告げられても「？？？」。知らなかったのだ。

番組が始まってから、「あっ知ってる」「うちに本がある」などの言葉が方々からわいた。

当時ある意味好奇の対象として認識されていた乙武氏も普通の人になったと実感した。それだけ、世の中が変わったということか。

番組は、黒柳徹子氏の質問に乙武氏が答える形で進んだ。

字を書けること、写真が趣味ということ、サッカーができること、中学校時代はバスケットクラブに所属していたこと……などなどの乙武氏ができることの紹介と実演だった。

それから、中・高・大学時代、街で出会う子どもたちの反応等のエピソードも盛り込まれた。子どもたちは、30分間スマートボードに釘付けだった。

番組終了後、感想を書かせた。

3分後、指名なしで全員に発表させた。

子どもたちから次のような感想が続いた。

「乙武さんは、手も足もないのに、サッカーやバスケットをするなんて、すごいなって思った。」「手がないのに、字をきちんと書けるのですごいな。」「写真を撮るところを見てびっくりした。」「中学のときの山登りはすごい。」

予想通りである。どんなに感動しても、番組をただ見せるだけだと、こういう感想が出るだけである。テレビ番組は、「生き方を教える」という視点で作っていない。興味を引くことが最大のテーマなのだからである。

このまま終わるのなら道徳授業ではない。

さまざまなことから「生き方」を学び取れる子どもに育てたい。

どうするか。私は、こうした。

ほとんどの子が乙武氏の現象面を賞賛している中で、ある子が次の感想を発表した。

「乙武さんは、街で子どもたちに『どうして手と足がないの?』と聞かれることがうれしいと言っていた。普通だったら、きずつく。そう考えられるところがすごいなと思いました。」

私は、この発言を最後に取り上げ、もう一度言わせた。そして、問うた。

「W君の感想はとってもよかった。他の人の感想はどこが違いますか。」

すぐに出てきた。

「他の人は、『障害者なのにすごい』って言ってるけど、W君は『考えられるところがすごい』と言っているところ。」

「そうだね。乙武さんの生き方や考え方を見つけ出したところがすごいね。」

そして言う。「もう一度感想を書きなさい。」

多くの子が、次のような感想を書いた。

「私は、乙武さんの『楽しく生きる』という言葉を思い出して、いつも乙武さんのようにくじけないでいたい。」「目の前のことから逃げるのではなく、自分から進んでいこうと思った。」

私には生き方を教える発問が欠けていた。　　　　　　　　（岸　義文）

第3章　学年別道徳授業

（3）第5学年及び第6学年
③自然や崇高なものとのかかわり　（1）アジアの子ども達に学ぶ

1　自他の生命を尊重する

　学習指導要領における「（1）生命がかけがえのないものであることを知り、自他の生命を尊重する。」ことを意識した授業である。

　アジアには、貧しい暮らしを強いられている子どもたちがたくさんいる。そんな子どもたちを支援するアジアチャイルドサポートの池間哲郎氏は次のように言っている。「日本中の子どもたちがアジアの貧しい子どもたちから真剣に生きる大切さを学んでほしい、そして一生懸命生きることの大切さに気付いてほしいと思っているのです。」

　アジアの貧しい子どもたちの豊かな心を学ぶ授業である。

2　授業の実際

| 説明 | ある子どもの夢です。「大人になるまで□ことです。」 |

| 発問 | 四角には何が入ると思いますか？ |

「大人になるまで生きることです。」

| 発問 | どんな子どもだと思いますか？ |

| 説明 | 同じ環境にある、ある子どもはこう答えました。「1回でいいからお腹いっぱいご飯を食べたい。」 |

発問	どんな子どもだと思いますか？

説明	その子どもたちの住んでいる場所です。

指示	感想をどうぞ。

説明	タイやカンボジアのゴミ捨て場です。ゴミを拾って生活しています。1日10時間働いてたった50円です。それで1日ごはん1杯だけです。

発問	この子どもたちが一番大切にしているものは何だと思いますか？

説明	子どもたちを助ける活動をしている池間哲郎さんのお話です。

第3章　学年別道徳授業

「ある日、ゴミ捨て場に暮らしている子どもたちを連れてピクニックに行きました。もちろん、弁当は私のおごりです。その中身は彼らが今までに食べたこともないほどのご馳走でした。昼食の時間がやってきて、弁当のふたを開けて中身を見た子どもたちは『キャーキャー』と声を出して喜びました。うれしさのあまりぴょんぴょんととび跳ねている子どももいます。

　しばらくして『サア、お昼を食べよう』と言うと、全員が弁当の蓋を閉じて、食べてくれないのです。」

発問　なぜだと思いますか？

「黙って様子を見ていると、6歳ぐらいの少女が私の前にやってきました。そして、今にも泣きそうな顔で『おじさんにお願いがあります』と言うのです。『こんなご馳走を私だけで食べることはできません。お家に持って帰って、お父さん、お母さんと一緒に食べていいですか？』結局、誰も一口も食べずに弁当を持って帰ることになりました。」

指示　感想をどうぞ。

説明　このようなこともありました。

「カンボジアでは夏になると気温は40度近くまで上がり、強烈な日差しが照りつけます。頭を守る帽子は必需品です。ところが、お金がなくて帽子が買えない子も多い。そこで、帽子を作って贈ることにしたのです。

　私たちの帽子を手に取った子どもたちは、跳び上がらんばかりに喜んでくれました。あとで聞いた話では、子どもたちは帽子を胸に抱いて眠っていたそうです。しかし、1週間も過ぎると帽子をかぶっている子どもを見かけなくなってしまったそうです。」

発問　なぜだと思いますか？

　嫌になってかぶらなくなったわけではありません。お父さんに帽子をあげて

しまったのです。「私は教室の中で勉強しているから暑くても大丈夫。お父さんは太陽が照りつける中、外で働いているから、お父さんの方が大変です。だから、お父さんが、この帽子をかぶってがんばってください。」子どもたちはそう言って、帽子を父親にプレゼントしたそうです。

指示　感想をどうぞ。

説明　最後に池間さんの言葉を紹介します。

「途上国の子どもたちは親のことを心から愛します。親のためにとわが身を犠牲にする事も珍しいことではありません。皆さんも途上国の子に、『神様が願い事を1つだけ叶えてあげると約束したら、何を願いますか。』と聞いてみてください。多くの子どもたちの口から『親の健康と幸せを願います。』と答えが返ってくると思います。私たちは、豊かさの中で大切なことを忘れてしまったような気がいたします。私が皆さんにお願いしたいことは、私たち日本人がゴミ捨て場に暮らしている子どもたちから、一生懸命に生きることの大切さを学んでほしいと伝えているのです。」

指示　今日の授業の感想をノートに書きなさい。

【参考図書】池間哲郎『あなたの夢はなんですか？　私の夢は大人になるまで生きることです。』(致知出版社)

（吉谷　亮）

（3）第5学年及び第6学年
③自然や崇高なものとのかかわり　（2）よみがえれアホウドリ

1　他の生物の命を奪って生きている人間

　アホウドリは一時、「絶滅宣言」が出されていた鳥である。翼を大きく広げないとなかなか飛び立てないこの鳥を、人間はバカ鳥・アホウ鳥とさげすみ、片っ端から棒で殴り殺し、羽毛を取ってきた。そんな中、アホウドリの保護と増殖のために努力を続けてきた人に、長谷川博さん（東邦大学）がいる。長谷川さんのしてきたことを通して、人間と地球上の生物との共生を考えていく授業である。

> ねらい　アホウドリの復活までの歴史を知り、地球上での他の生き物と共生していこうという希望を見出すことができる。

2　授業の実際

　写真を提示して、次のように問う。

> 発問　なんという鳥でしょう。

　数名、指名する。
- アヒル
- ダチョウ
- アホウドリ

　アホウドリという返答の時、子どもたちから少し笑いが起こる。アホという言葉に反応してバカにしているような態度が見られる。この態度と笑いを次の発問へつなげる。

> 発問　どうしてアホウドリという名前がついたのですか。

- 「アホウ」と鳴くからです。
- 外国語で「アホウ」という言葉があるからです。

このような意見のあと、アホウドリの鳴き声を聞かせる。実際は、「グァーグァー」と鳴く。ここで、名前の由来は、鳴き声ではないことがわかる。「アホウ」という外国語も無いことを伝える。もう一度、問う。

| 発問 | どうしてアホウドリという名前がついたのですか。 |

- たぶん、頭が悪いんじゃないかな。
- すぐに捕まってしまうからかな。
- 鳥の中で一番あほなのかな。

　翼を大きく広げないとなかなか飛び立てないことから、アホウドリという名前がついたと言われていたことを説明する。さらに、次の説明をする。

| 説明 | アホウドリの羽毛は、羽毛布団を作るために必要でした。アホウドリは人間のために役に立っていたのです。 |

　アホウドリについてよい面を簡単に説明した後、次の発問をする。

| 発問 | アホウドリを捕獲したことに賛成ですか、反対ですか。 |

　ここでは、賛成派が多数を占める。そこで次の説明をする。

| 説明 | アホウドリは絶滅寸前まで乱獲されていました。1つの種類の生き物が地球上で生き延びるためには、最低でも1000羽必要だと言われています。1990年の調査では、アホウドリはわずか500羽ほどの生息が確認されただけです。 |

　さらに、アホウドリを絶滅させないために働き続けている長谷川博さんを紹介する。東邦大学メディアネットセンターに「アホウドリ復活の軌跡」というサイトがある。http://www.mnc.toho-u.ac.jp/v-lab/ahoudori/
　その後、アホウドリのことが書かれた新聞記事を読み上げる。(読売新

聞　1990年3月11日の記事の抜粋を載せる。）

> 受難の歴史を持つ"大物"
> 　人間はこの鳥を「バカどり」「アホウドリ」と呼んで棒で殴り殺し、羽毛を取ってきたのである。（中略）明治時代、日本人が乱獲して絶滅したと思われた。しかし、鳥島に細々と生きているのが見つかった（後略）。

　アホウドリが絶滅寸前まで追い込まれた事実を知った上で、次の発問をする。

> 発問　絶滅寸前になるまでアホウドリを捕獲したことに賛成ですか、反対ですか。

　まず、人数を確認する。最初に発問した時に比べ、反対派が多数を占める。それぞれの意見を書かせてから討論を始める。次のような意見が出る。（○は賛成派、×は反対派）
○　人間が生活するために必要だった。
○　羽毛布団が好きだし、必要だから。
○　ただ殺しただけではなく、羽を利用したから。
×　絶滅するまで捕ることはない。
×　アホウドリの羽毛を使わなくてもあたたかい布団は作れるから、アホウドリを捕る必要はない。
×　羽毛布団がなくても生きていけるから、乱獲したことに反対。

> 発問　これから私たち人間はどうしたらよいでしょうか。感想をノートに書きましょう。

・天然記念物に指定して保護したらよい。
・卵をたくさん産めるような環境を整えるとよい。
・アホウドリについてたくさん知ってもらうために、情報を発信するとよい。
＊アホウドリは昭和37年に特別天然記念物に指定されていることを知らせる。

（北島瑠衣）

（3）第５学年及び第６学年
④集団や社会とのかかわり　（１）東日本大震災の授業

　東日本大震災は、多くの被害・犠牲と引き替えに、私たちにいくつもの教訓を残した。
　それらを、子どもたちに伝えていくことは、
「教師だからこそできること」、「教師しかできないこと」である。

１　震災がれきの授業

教師「画面を見ます。」
　定点観測で撮られた２枚の写真を提示する。１枚目は普通の街の様子である。子どもたちも、じっと見つめるだけだ。
教師「同じところから撮った写真です。」
「えーっ!?」
　２枚目は津波でぐちゃぐちゃになった街の様子を撮影したものだ。
教師「この写真を見て、わかったこと、気がついたこと、ほんのちょっとでも思ったことを、ノートに箇条書きしなさい。」
　子どもたちは、道路が泥でいっぱいになっていること、標識が落ちていること、車が重なっていること、船があることなどを書き出していく。
　２枚の写真を並べて表示する。
教師「この写真の間に、何かがやってきました。何がやってきたと思いますか？」
「地震。」「台風。」「津波。」と発表する子どもたち。
　正解は「地震と津波」であることを告げる。
　ここで、映像を見せる。2011年１月から９月までの、世界の地震分布をわかりやすくまとめたものである。

第3章　　学年別道徳授業

```
世界の地震　発生地点・規模・時刻分布図（2011/09/01）
http://www.youtube.com/watch?v=zNGqDRElI44
```

　YouTubeでも「世界の地震」で検索をすれば、すぐに見つけることができる。
　世界のどの辺りで地震が多いのか、東日本大震災以降も日本周辺で余震が続いていることなどを、視覚情報として得ることができる。
　子どもたちは、3月11日の場面で驚きの声を上げていた。

2　子どもの知的好奇心を刺激する

教師「実は、先ほど見せた写真は、順番が入れ違っています。」
と言って、正しい時系列で写真を提示する。
「えーっ!?」
　わずか3ヶ月での変化に驚く子どもたち。
　次々と、震災直後と3ヶ月後の比較写真を提示して

いく。がれきが片付けられ、きれいになった様子に、「うわあ。」「すごい！」と声をあげる子どもたち。
教師「でも、そうして片付けられたがれきは、どうなると思いますか？」
「燃やされる。」「埋め立てる。」と答える子どもたち。

がれきの量は？

22,530,000 トン

ここで、その量が各県の年間のゴミの量の10年分以上あること、いろいろなゴミが混ざっていて処理できないこと、津波の被害でゴミ処理場が使えなくなっているところもあることなどを言う。
　このがれきの写真にも、子どもたちは驚いていた。街はきれいになったけれ

ど、本当はまだきれいにはなっていないという事実に、である。

3　子どものアイデア

教師「もしみんなだったら、このがれきを、どうやって片付けますか？　小学生らしい、とんでもないアイデアを考えてみてください。」
　友だちと相談することもOKとする。一気ににぎやかになる教室。
「世界の人にお願いして、いろんな国で分けてもらう。」
「ロケットに乗せて、宇宙に持っていく。」
「一度に片付けられる機械を開発する。」
　　　…………
　いろいろな意見が出た後に、
教師「こんなアイデアを出している人もいます。」

と、宮脇昭氏の「緑の防波堤」を示す。

教師は「すべてのことが片付くまで、まだまだ時間がかかることと思います。

宮脇 昭さん

もしかしたら、数年後、みなさんの中から、そうした問題に取り組む人が出てくるかもしれませんね。」と言って、授業を終える。

※本実践は、谷和樹氏の「震災がれきの授業」を元に、一部映像などを追加し、追試したものである。

(国友靖夫)

（3）第5学年及び第6学年
④集団や社会とのかかわり （2）地雷を通して平和について考える

1　戦争と平和について

　戦争というと「過去の問題」になりがちである。日本に住む現代の子どもたちにとって、戦争とは現実からかけ離れたものであり、身近な問題とはとらえにくい。世界には、今も戦争で苦しむ人々がいる。その事実を伝えることを通して、平和について考える機会を設ける授業を紹介する。

　本授業では、『サニーのおねがい　地雷ではなく花をください』（自由国民社）を使用する。

> ねらい　戦争というものが、戦争している時だけではなく、戦争後にも大きな影響を及ぼすものであることを知らせ、真の平和について考えさせる。

2　授業の実際

> 発問　戦争が終わったら、どうなりますか。

　数名、指名する。
- 平和になる。
- 戦いがなくなり、幸せに暮らせる。

　戦争が終わると幸せになる、平和になると言う子どもたちが多い。そこで、『サニーのおねがい　地雷ではなく花をください』を、題名を明かさないで読み聞かせる。（2ページから14ページまで）

> 発問　爆発したのは何ですか。

- 爆弾
- 花火
- 地雷

| 説明 | 爆発したのは地雷です。地雷とは、土の中に埋めてある爆弾のことです。人が踏んだり車が通ったりするとスイッチが入って爆発します。 |

この後、『サニーのおねがい　地雷ではなく花をください』の15ページから19ページまでを読み聞かせる。

| 発問 | 世界には、いくつくらい地雷が埋まったままになっていると思いますか。 |

- 5個
- 30個
- 150個
- 200個
- 2億個
- 2兆個

| 説明 | 約1億1000万個残っています。カンボジア、アンゴラなど、最近まで戦争をしていたところにたくさん残っています。 |

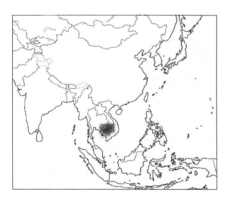

ここで感想を言わせる。さらに地雷について説明を続ける。

| 説明 | 地雷は、1個300〜400円くらいで作れます。 |

| 発問 | 地雷について感想をノートに書きなさい。 |

- 安く作れるから、まだたくさん残っているんだと思う。
- 地面の中に埋まっているから、どこにあるかわからなくて怖い。
- 人が踏んだあと爆発するのはとても怖い。

　ここで、1枚の写真を見せる。

説明	この少年は地雷で右足を失いました。手を失った人もいます。両足をなくした人もいます。そして地雷を最も多く踏んでいるのはあなたたちと同じ子どもなのです。

発問	地雷はどんなものですか。

- 恐ろしいもの。
- 手や足がなくなるだけで死なないけど、それがとても残酷。
- ぼくたちと同じ子どもが多く踏んでいるというのがとても怖い。

説明	地雷は1年に2万4000人の人が踏んでいると言われています。また、地雷というのは「殺さないこと」が残酷だと言われているのです。

　ここで、『サニーのおねがい　地雷ではなく花をください』の20ページから最後の部分を読み聞かせる。

説明	地雷を撤去している人たちがいます。撤去作業は失敗すると自分がけがをしてしまいます。ものすごい集中力で、時間をかけて取り除いているのです。作るのは安価ですが取り除くにはその10倍くらいのお金がかかるのです。

　平和というのは、戦争が終わるだけでは達成されないという意見が、子どもたちから出てくる。

| 第3章 | 学年別道徳授業 |

> 指示　授業の感想をノートに書きなさい。

- 地雷がまだたくさん残っているとは知らなった。早く地雷が花に代わってけがをしないようにしてほしい。もっともっと平和になってほしい。
- 戦争が終わっても地雷で苦しんでいる人がいるなんて知らなかった。1年で2万4000人の人がけがをしているとは思いませんでした。
- ぼくは、戦争が終わったら平和になるんだと思っていました。でも『地雷ではなく花をください』を読んでもらって、戦争が終わっても平和にならないことがわかりました。だからとても悲しいです。
- 私は、地雷が残っているところに住んでいる人たちを助けたいです。だから、この本を買って少しでも手助けできるようにしたいです。地雷の残っているところの人たちを応援したいです。

＊『サニーのおねがい　地雷ではなく花をください』
（絵・葉祥明　文・柳瀬房子／自由国民社）

（北島瑠衣）

（1）心に訴える「いじめ抑止」の授業　〜わたしのいもうと〜

1　人間の生き方の原理・原則

「人間の生き方の基本的原理・原則」を、

①相手のことを心から考えよう。
→いじめを見て見ぬ振りはしてはならない。
②弱いものをかばおう。
→弱い立場の者をいじめるのは絶対に許さない。

としてとらえ、子どもたちに授業を行いたい。
　また、いじめには、

①いじめる者　②いじめられる者
③それを知っている者

の3者が存在することを意識させ、それぞれの視点からいじめについて考えさせたい。

2　授業の展開

新しい学校に行ったり、新しいクラスになったりした時、みなさんはどんな気持ちになりますか。

・どんなクラスか期待する気持ち。
・新しい友だちができるか不安な気持ち。

■『わたしのいもうと』松谷みよ子（偕成社）の絵本を読み聞かせながら進める。

第4章　「いじめ」をしない、させないコツ

■いもうとが給食をわけると受け取ってくれないというところまでを教師が読む。

> この後、いもうとはどうなったと思いますか。

- 学校へ行かなくなる。
- いじめが解決する。
- 先生が注意をする。

■後半部分を読む。ただし、いもうとの手紙は読まない。

> 妹はなぜ「唇を固く結んで」いたのでしょう。

- 悲しかったから。
- つらかったから。

> 毎日が「ゆっくり」流れたと感じた人は誰ですか。

- 「妹。」・「私。」
  反対に「クラスの友だち」にはその意識がない。

> いもうとがなくなったあと、手紙が見つかりました。それには、こう書いてありました。
> わたしをいじめたひとたちは、もうわたしのことはわすれてしまったでしょうね。
> 　（　　　　　　　　　　　　。）

> （　）のところには、どう書いてあったのでしょう。予想して書きなさい。

■書いたことを発表させる。

（島村雄次郎）

（2）いじめの事実をもとに「行動」を判断させる

1　3つの立場における「正しい判断」

　子どもたちに「道徳的判断力」をつける。
「道徳的判断力」とは、自分の置かれている状況でどのような考え方や行動をするのが善であり悪であるかを判断する知的な力である。（『最新教育基本用語2011～2012年版』小学館）
「いじめ」という場面を考えた場合、「加害者」「被害者」「傍観者」という3つの状況が考えられる。
　それぞれの状況における「正しい判断」とは、
　　加害者→「いじめをしない」
　　被害者→「いじめをさせない」、「誰かに相談する」
　　傍観者→「いじめを止める」、「いじめを報告する」
ことである。

2　いじめをしない・させない授業

　加害者の立場にならないようにする授業である。河田孝文氏の実践である。
　次の絵本を読み聞かせる。
「わたしのいもうと　松谷みよこ作」

（1）『わたしのいもうと』の前半部分を読み聞かせる

「童話作家の松谷みよこさんが、本当にあったことをもとにして書いたお話です。」
　こうして、話を始めました。
　初めは、笑顔だった子どもたちも、次第に表情をこわばらせていきました。
　ときおり、「かわいそう」という声が漏れ聞こえてきました。

　前半部分のあらすじは、こうです。
「いもうと」は、7年前に転校してきました。そこで、ひどいいじめにあうのです。

第4章　「いじめ」をしない、させないコツ

　くさい　ぶたと　言われ

　ちっとも　汚い子じゃないのに、「いもうと」が給食を配っても受け取ってはくれないというのです。

　体中につねられたあともありました。そして、「いもうと」は、ひきこもりになります。食事ものどを通らず、母は「死」も覚悟したそうです。

　いじめた子たちは、何もなかったように卒業をし、中学校生活を迎えます。

　スライドを止めて、子どもたちに問いました。
教師「いもうとは、この後どうなったと思いますか。」
「自殺しました。」
「ひきこもったままでした。」
「学校に戻りました。」
　続いて問いました。
教師「いじめた子たちは、この後どうなったと思いますか。」
「今までどおり、学校へいきました。」
「お話の続きを読みます。」
　スライドを再開しました。

（2）『わたしのいもうと』の後半部分を読み聞かせる

　高校生になったいじめっ子たちは、自分たちがいじめていたことを忘れていたかのように楽しそうに高校に通います。いもうとは……。口をききません。振り向いてもくれません。鶴を折り始めました。ただ、何羽も何羽も。そして……。いもうとは、ひっそりと死んでしまったのです。

　子どもたちに問いました。
「最後に、いもうとは、自分の思ったことを書いています。なんと書いているでしょう。」

　　わたしをいじめたひとたちは
　　もうわたしを
　　わすれてしまったでしょうね

あそびたかったのに
べんきょうしたかったのに

(3) いじめで書類送検された新聞記事を見せる

さらに、次の話をした。

「こんな新聞記事があります。『いじめ生徒　書類送検へ』いじめた子は、転校をしなければなりません。また、いじめた子は、いじめで苦しめたことをお金により責任をとらなければならないという新聞記事もあります。さらに、いじめた子は、警察や裁判所で『どんないじめをしたのか、どれだけ苦しめたのか』詳しく調べられます。いじめた人たちは、学校にいられなくなるのです。そして、お父さんやお母さんは会社にもいられなくなります。それだけではありません。家族は、住んでいるところから出て行かなければならなくなります。もっと悲惨な事件もありました。自分の子どもが「いじめ」という大変なことをしたのを苦にして、いじめた子のお父さんが自殺しました。
『わたしのいもうと』の中のいじめた中学生、そして高校生になった子たちは、そんなことには気づかなかったのでしょうね。」

3　情報を与えて判断させる

道徳的判断力の育成には、「情報」が必要である。様々な情報をもとに、判断するのである。

そのためには、「事実」で構成された資料が必要である。

この授業は、大きく分けて次の2つのパーツから構成される。前半部分は、いじめの「ひどさ」を具体的に教えるパーツ。後半部分は、いじめをするとどうなるかを教えるパーツである。両者とも「事実」をもとに構成されている。子どもたちには、それらをもとに、判断させればよい。いじめは絶対にしない、いじめを見たら止める、先生に相談するという判断が出てくるだろう。

(平松英史)

第4章　「いじめ」をしない、させないコツ

（3）法的根拠をもとにする「いじめ抑止」の授業

1　いじめと法律

「いじめ」の授業は「モラル」「スキル」に関するものが多い。逆に「ルール」の視点からの授業は少ない。いじめをした時どのようなルールを適用すべきなのか、社会的にはどのような罰があるのか、法律の視点からいじめを考えるとどうなるのか、そういう事実を教えていくことも大切である。

この授業は、いじめについて、法的根拠つまりルールの視点で子どもたちに考えさせる授業である。

2　授業の実際

準備物として、刑法204条傷害罪、208条暴行罪、222条脅迫罪、231条侮辱罪、236条強盗罪、249条恐喝罪、261条器物損壊罪の条文が入ったプリントを用意しておく。

| 発問 | あるいじめの場面です。
いじめている子が「お金を持ってこい」と言っています。
これは犯罪つまり警察につかまるでしょうか。
犯罪であるか、犯罪ではないか、手を挙げます。 |

挙手で確認する。

| 説明 | 犯罪があるかどうか先生は調べてみました。こんな法律があります。「刑法」です。みんなで言ってごらん。 |

| 説明 | これはどんなことをしたら犯罪になるかが書かれている法律です。 |

137

| 発問 | 今から刑法が書いてあるプリントを配ります。
「お金をもってこい」というのは、どんな犯罪になりますか。
近くの人と相談してごらんなさい。 |

近くの子と相談をさせ発表させる。

| 発問 | 第何条でしょう。 |

「249条です。」

| 発問 | 何罪ですか。 |

「きょうかつざいです。」

| 指示 | 249条を読みます。 |

「249条：恐喝罪　人を恐喝して財物を交付させた者は、10年以下の懲役に処する。」

| 説明 | 懲役というのは、牢屋に入ること。
簡単に言えば10年以下牢屋に入ることになりますよ、という犯罪なのです。 |

| 発問 | 別ないじめの場面です。
わけもなくなぐられたりけられたり、いじめられていた子がいました。
この子は、けがをしてしまいました。
これは、犯罪でしょうか、犯罪じゃないでしょうか？ |

第4章　「いじめ」をしない、させないコツ

犯罪であるかそうでないか、挙手させる。

説明　犯罪なのです。刑法の第何条になるか調べてごらんなさい。

子どもたちに刑法の書かれたプリントをもとに調べさせる。

発問　第何条になるでしょう。

「204条。」

発問　何罪ですか。

「しょうがいざいです。」

指示　204条を読みます。

「204条：傷害罪　人の身体を傷害した者は、15年以下の懲役又は50万円以下の罰金に処する。」

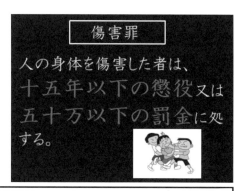

説明　人をけがさせること。これは犯罪なのです。

指示	別ないじめの場面です。いじめている子のノートに落書きをしています。これは犯罪でしょうか。犯罪じゃないでしょうか。犯罪であると思う人？そう犯罪なのです。何条か調べなさい。

発問	何条ですか。

「261条です。」

発問	何罪ですか。

「器物損壊罪です。」

指示	261条をみんなで読みます。

「261条：器物損壊罪　他人の物を損壊し、又は傷害した者は、3年以下の懲役又は30万円以下の罰金若しくは科料に処する。」

説明	人の物を壊すこと、これは犯罪なのです。

発問	いじめは犯罪ですか。

犯罪か犯罪ではないかで挙手させる。

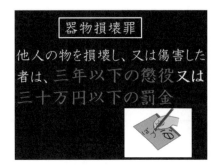

| 第4章 | 「いじめ」をしない、させないコツ |

説明　この刑法というのは、14歳以下には適用しない、と言っています。14歳以下の人は、別な法律で裁かれるのです。
　　　ただひどいいじめの場合には適用しようという話にもなっています。実際2012年7月26日にはいじめが原因で中学生が警察に逮捕されています。

説明　20歳未満の少年が犯罪を起こした場合、罪が重い場合は少年院、簡単に言えば刑務所みたいなところにつれていかれます。少年院に行った人の文がありますので今から読みます。

私は18歳の時窃盗や傷害をくりかえしていました。
今で言ういじめもやっていました。
それらが原因で逮捕され、数年間少年院に送られました。
みなさん、一度しかない人生です。
少年院にぶち込まれ自由を失い、精神的肉体的にボロボロになるような生活をしたいですか。
いじめは立派な犯罪だよ。親にも迷惑をかけるし、自由もなくなるし最悪だよ。
いじめはやめといた方が利口だよ。経験者が言うのだから間違いないよ。それでもやるか。

発問　いじめは何だと言っていましたか。

「犯罪。」

説明　いじめは犯罪なのです。今日の授業の感想を書きなさい。

感想を書かせ授業を終える。

（南谷智昭）

【刑法】※一部抜粋

204条：傷害罪
人の身体を傷害した者は、15年以下の懲役又は50万円以下の罰金に処する。

208条：暴行罪
2年以下の懲役若しくは30万円以下の罰金又は拘留若しくは科料に処する。

222条：脅迫罪
生命、身体、自由、名誉又は財産に対し害を加える旨を告知して人を脅迫した者は、2年以下の懲役又は30万円以下の罰金に処する。

231条：侮辱罪
事実を摘示しなくても、公然と人を侮辱した者は、拘留又は科料に処する。

236条：強盗罪
暴行又は脅迫を用いて他人の財物を強取した者は、強盗の罪とし、5年以上の有期懲役に処する。

249条：恐喝罪
人を恐喝して財物を交付させた者は、10年以下の懲役に処する。

261条：器物損壊罪
他人の物を損壊し、又は傷害した者は、3年以下の懲役又は30万円以下の罰金若しくは科料に処する。

(サイト「条文.com」より)

第4章　「いじめ」をしない、させないコツ

（4）強い心を育てる「いじめ抑止」の授業　〜わたしのせいじゃない〜

1　授業について

　この絵本は、泣いている男の子（O）を前にして、A〜Nの14人の子どもたちが口々に「わたしのせいじゃない」と主張していく話である。
「人間の生き方の基本的原理・原則」は、

①相手のことを心から考えよう。
②弱いものをかばおう。

であることを子どもに意識させるように、「誰に責任があるか」を柱として授業を展開していく。

2　授業の流れ

泣いている子（O）がいます。誰のせいで泣いているのかを考えながら、聞きます。

　教師が読み聞かせをしていく。

もう一度読みます。泣いている子（O）が、誰のせいで泣いているのかを考えながら、聞きます。その子の責任だと思ったら、ワークシートの絵に○をつけます。

　もう一度、教師が読み聞かせる。

子どもたちに、○を付けた絵の記号のところで手を挙げさせます。

　テンポよく聞いていく。A〜Nの14人以外も「O」「全員」「先生」の責任だという考えも出ることが考えられる。

A：学校の休み時間にあったことだけど、自分のせいじゃないと言っている。
B：始まった時のことを見てないから、知らないと言っている。
C：本当は見たと言っているが、わたしのせいじゃないと言っている。
D：怖かったので何もできなかった。見ているだけだったと言っている。
E：大勢でやっていた。1人では止められなかったと言っている。
F：大勢でたたいていた。自分も少しだけたたいたと言っている。
G：始めたのは自分じゃない。ほかのみんながたたき始めたと言っている。
H：自分のせいじゃないが、「O」は変わってるのだと言っている。
I：考えることが違う、全然おもしろくない、自分のせいだと言っている。
J：「O」はひとりぼっちで、泣いているんだと言っている。
K：泣いている男の子なんて最低だ。おもしろくない子だと言っている。
L：先生に言えばいいのに、弱虫だと言っている。
M：そんなことがなかったら、その子のことはほとんど忘れていたと言っている。
N：一言もしゃべれなかった。ぼくたちをみつめていただけだったと言っている。
全員：たたいてもわたしは平気だった。
　　　みんなたいたんだもの。
　　　わたしのせいじゃないわと言っている。

なぜ○を付けたか理由を書きなさい。

　指名なしで発表させていく。

「A〜N」で○が1つも付かなかった子がいます。なぜ付かないか理由を書きなさい。

　ここで子どものいじめに対する意識の違いが浮き彫りになる。
　子どもたちによっては、見ているだけとか、直接たたいていない人には責任がないのでは、という意見が出るかもしれない。

一番責任が重いのは誰ですか。その理由も書きなさい。

第**4**章　「いじめ」をしない、させないコツ

　ノートに書けた子どもから黒板に書かせていく。
　黒板に書いた後に、「人間の生き方の基本的原理・原則」の２つを示す。
　黒板に書かれたものをこの２つの原理・原則から見ていく。
　A〜Nの14人の主張はどれも原理・原則から外れた行為であることがわかる。次にいじめには、３者が存在することを示す。

> ①いじめる者　②いじめられる者
> ③それを知っている者

　②いじめられる者は「O」である。

> A〜Nまでの14人を、「①いじめる者」「③それを知っているもの」に分けなさい。

「N」のページまでは、①、②と分類できるが、最後のページに全員で、
　　たたいてもわたしは平気だった。
　　みんなたたいたんだもの。
　　わたしのせいじゃないわと言っている。
　ここで全員が「①いじめる者」であることが確定する。

> もう一度聞きます。一番責任が重いのは誰ですか。

　授業の感想を書かせて終わる。

【参考文献・サイト】
レイフ・クリスチャンソン著、にもんじまさあき訳、ディック・ステンベリ絵
『わたしのせいじゃない――せきにんについて』（岩崎書店）
向山洋一『「社会的規範」を考える道徳教育の提唱』
戸﨑恵「わたしのせいじゃない―せきにんについて」TOSSランド No.5393983
　　　　　　　　　　　　　　　　　　　　　　　　　（島村雄次郎）

（5）強い心を育てる「いじめ抑止」の授業

1　心の支えになる授業

　いじめられているのは自分だけではない。いじめを克服し、自分の夢を実現した人達がいるということを教える授業である。

2　3人の日本人

説明1　今から3人の日本人を紹介します。
　　　　上村愛子、野口英世、新垣勉の写真を見せる。
説明2　1人目の日本人です。
　　　　上村愛子の写真を見せる。
説明3　モーグルは、急で凹凸の深い斜面を滑り降り、ターン技術、エア演技、スピードを競うスキーの競技です。
　　　　上村愛子がモーグルの試合で競技をしている動画を見せる。
指示1　主な成績を読みましょう。

主な成績	
オリンピック出場	4回（最高4位）
ワールドカップ優勝	10回
世界選手権優勝	2回

指示2　感想を言いましょう。

発問1　2人目の日本人です。誰でしょう。（野口英世）

第4章　「いじめ」をしない、させないコツ

発問２　何をした人ですか。

野口記念医学研究所（ガーナ）

「ある病気をなくそうとした人。」

説明４　アメリカ、ガーナ、メキシコ、エクアドル、ペルー、ブラジルの６ヶ国で研究者として活躍しました。今でも世界中で尊敬されています。アフリカでは黄熱病の研究に命をかけ、アフリカのガーナでは野口博士がいた研究所跡地に「野口記念医学研究所」がつくられています。

指示３　３人目の日本人の名前です。読みましょう。（新垣　勉）
　　　　　　　　　　　　　　　　　　　　　　　　　あらがき　つとむ

説明５　新垣さんは、近年、音楽界で注目されているテノール歌手です。心を打つあたたかい話を交えながらの新垣さんのステージに、多くに人達が安らぎと勇気を与えられています。

発問３　３人に共通しているのはなんですか。
「すごい日本人。」
「一流の人。」

説明6 そうですね。実は他にも共通することがあるのです。

説明7 上村さんの子ども時代です。
「転校してから中学生の初めぐらいまでずっといじめにあっていた。練習に行くと私のグローブがなくなっていた。必死で探したら雪がいっぱい中に詰まっていて、洗濯機のなかでぐるぐるまわっていたこともあった。またある日はスキーがなくなっていた。やっとのことで探し出すとソールが石で削られてボロボロになって、ゴミのように捨てられていた。眼を疑ったけど正真正銘私のスキーだった。『学校へ行きたくない』とわがままを言ってお母さんを困らせたこともあった。」

説明8 野口英世の子ども時代です。野口英世が1歳の時、囲炉裏に落ちてしまいました。野口英世の火傷した左手は指同士がくっついて動かなくなってしまいました。やけどした手のことで「てんぼう、てんぼう」と友だちにからかわれ、それが嫌で学校を休むようになりました。

説明9 新垣さんは、アメリカ軍に統治されている沖縄で生まれました。生後間もないとき助産婦さんがあやまって、劇薬を目に刺してしまい、生まれてすぐに失明してし

第4章　「いじめ」をしない、させないコツ

まいました。
さらに、新垣さんが一歳の時両親が離婚し、アメリカ人だったお父さんは本国に帰ってしまいました。子どもの頃は、目が見えないこと、アメリカ人の子どもであることで他の子どもたちから馬鹿にされました。「なぜ僕だけが苦しまなければいけないのか。」「僕はこの世の中にいない方がいいのだ。」と考えるようになりました。

発問4　3人に共通していることは何ですか。
　「子どもの頃にひどいいじめにあっていたこと。」
発問5　3人はどのようにしていじめを克服したのでしょうか。
説明10　上村愛子さんは、お母さんから「愛ちゃんが人に嫌がらせをされるようなことをしていないという自信があるのなら、そんなことに負けずに、もっと強くなりなさい。」と言われました。それから、スキーに熱中するようになります。
説明11　学校を休んでいた野口英世さんは、お母さんにこう言われます。「一生懸命勉強すれば、かならず報われる。人様の2倍勉強すれば、2倍偉くなる。おまえには、勉強だけしてもらえばいいんじゃ。わかったか。」それから勉強に熱中します。
説明12　新垣さんが通っていた教会の牧師さんに勧められて、高校1年生の新垣さんは大勢の前で歌を歌いました。すると知らず知らずのうちに涙が溢れ、ほほを伝いました。死ぬことばかり考えていた新垣さんはいつしか、将来、人をいやすような歌を歌いたいと思うようになりました。
発問6　どのようにして克服しましたか。
　「何かに熱中した。」
指示4　3人の言葉を読みましょう。
指示5　感想を書いて発表しましょう。
　「どんなにいじめられても夢に向かって努力をすれば、夢がかなうのだと思いました。」

上村愛子
「私は、誇れるものをみつけた。それがモーグルだった。自分を信じ、明るい未来を願えば、それはきっとかなう。輝く私がきっといる。」

野口英世
「絶望のどん底にいると想像し、泣き言を言って絶望しているのは、自分の成功を妨げ、そのうえ、心の平安を乱すばかりだ。」「努力だ。勉強だ。それが天才だ。誰よりも、二倍、三倍、勉強する者、それが天才だ。」

新垣 勉
「僕には、僕にしかできないことがある。ナンバーワンの人生を目指すのではなく、自分に与えられたオンリーワンの人生を大切にしよう。」

（江口儀彦）

◎執筆者一覧

澤近亮祐	大阪府公立小学校
原口雄一	鹿児島県公立小学校
南谷智昭	宮崎県公立小学校
国友靖夫	兵庫県公立小学校
大野眞輝	千葉県公立小学校
鈴木恒太	東京都公立小学校
山本東矢	大阪府公立小学校
山口俊一	山形県公立中学校
小林聡太	神奈川県公立小学校
島村雄次郎	東京都公立小学校
江口儀彦	福岡県公立小学校
三好保雄	山口県公立小学校
奥田嚴文	山口県公立小学校
山田恵子	山口県公立小学校
林　健広	山口県公立小学校
吉谷　亮	山口県公立小学校
岸　義文	山口県公立小学校
平松英史	福岡県公立小学校
北島瑠衣	山口県公立小学校
具志　睦	福岡県公立小学校
信藤明秀	愛媛県公立小学校

参考文献中のTOSSランドナンバーに続く（旧）の表記は、その文献が旧TOSSランド（2005年版）のものであることを示します。
TOSSランド　http://www.tos-land.net
TOSSランド（2005年版）　※旧TOSSランド　http://acv.tos-land.net
〈お問合せ〉TOSSランド事務局
〒142-0064 東京都品川区旗の台2-4-12 TOSSビル　TEL. 03-5702-4450

◎監修者紹介

向山 洋一(むこうやま よういち)

東京都生まれ。1968年東京学芸大学卒業後、東京都大田区立小学校の教師となり、2000年3月に退職。全国の優れた教育技術を集め、教師の共有財産にする「教育技術法則化運動」TOSS（トス：Teacher's Organization of Skill Sharingの略）を始め、現在もその代表を務め、日本の教育界に多大な影響を与えている。日本教育技術学会会長。

◎編集者紹介

河田 孝文(かわた たかふみ)

1964年山口県生まれ。大学卒業後、小学校教師になり、教育技術法則化運動（代表：向山洋一）に出会い参加。法則化運動解散後は、TOSS（代表：向山洋一）に続けて参加。TOSS道徳教育研究会担当。道徳教育に限らず、全国の教育セミナーで授業づくりを中心とした講座を務める。TOSS道徳「心の教育」シリーズ（明治図書出版）、『子どもに教えたい大切なルール』（PHP研究所）、『子どもの心をわしづかみにする教科として道徳授業の創り方』（学芸みらい社）など、単著、編著多数。

新法則化シリーズ
「道徳」授業の新法則

2015年3月10日　初版発行
2015年4月21日　第2版発行
2018年4月20日　第3版発行

企画・総監修　向山洋一
編集・執筆　　TOSS「道徳」授業の新法則 編集・執筆委員会
　　　　　　　（代表）河田孝文
企画推進コーディネイト　松崎 力
発行者　小島直人

発行所　株式会社 学芸みらい社
〒162-0833 東京都新宿区箪笥町31 箪笥町SKビル
電話番号 03-5227-1266
http://www.gakugeimirai.jp/
E-mail: info@gakugeimirai.jp
印刷所・製本所　藤原印刷株式会社
ブックデザイン　荒木香樹
カバーイラスト　水川勝利

落丁・乱丁本は弊社宛お送りください。送料弊社負担でお取り替えいたします。

©TOSS 2015　Printed in Japan
ISBN978-4-905374-62-6 C3037

授業の新法則化シリーズ（全リスト）

書　名		ISBNコード	本体価格	税込価格
「国語」	～基礎基本編～	978-4-905374-47-3 C3037	1,600 円	1,728 円
「国語」	～1年生編～	978-4-905374-48-0 C3037	1,600 円	1,728 円
「国語」	～2年生編～	978-4-905374-49-7 C3037	1,600 円	1,728 円
「国語」	～3年生編～	978-4-905374-50-3 C3037	1,600 円	1,728 円
「国語」	～4年生編～	978-4-905374-51-0 C3037	1,600 円	1,728 円
「国語」	～5年生編～	978-4-905374-52-7 C3037	1,600 円	1,728 円
「国語」	～6年生編～	978-4-905374-53-4 C3037	1,600 円	1,728 円
「算数」	～1年生編～	978-4-905374-54-1 C3037	1,600 円	1,728 円
「算数」	～2年生編～	978-4-905374-55-8 C3037	1,600 円	1,728 円
「算数」	～3年生編～	978-4-905374-56-5 C3037	1,600 円	1,728 円
「算数」	～4年生編～	978-4-905374-57-2 C3037	1,600 円	1,728 円
「算数」	～5年生編～	978-4-905374-58-9 C3037	1,600 円	1,728 円
「算数」	～6年生編～	978-4-905374-59-6 C3037	1,600 円	1,728 円
「理科」	～3・4年生編～	978-4-905374-64-0 C3037	2,200 円	2,376 円
「理科」	～5年生編～	978-4-905374-65-7 C3037	2,200 円	2,376 円
「理科」	～6年生編～	978-4-905374-66-4 C3037	2,200 円	2,376 円
「社会」	～3・4年生編～	978-4-905374-68-8 C3037	1,600 円	1,728 円
「社会」	～5年生編～	978-4-905374-69-5 C3037	1,600 円	1,728 円
「社会」	～6年生編～	978-4-905374-70-1 C3037	1,600 円	1,728 円
「図画美術」	～基礎基本編～	978-4-905374-60-2 C3037	2,200 円	2,376 円
「図画美術」	～題材編～	978-4-905374-61-9 C3037	2,200 円	2,376 円
「体育」	～基礎基本編～	978-4-905374-71-8 C3037	1,600 円	1,728 円
「体育」	～低学年編～	978-4-905374-72-5 C3037	1,600 円	1,728 円
「体育」	～中学年編～	978-4-905374-73-2 C3037	1,600 円	1,728 円
「体育」	～高学年編～	978-4-905374-74-9 C3037	1,600 円	1,728 円
「音楽」		978-4-905374-67-1 C3037	1,600 円	1,728 円
「道徳」		978-4-905374-62-6 C3037	1,600 円	1,728 円
「外国語活動」（英語）		978-4-905374-63-3 C3037	2,500 円	2,700 円

学芸を未来に伝える
学芸みらい社 GAKUGEI MIRAISHA

株式会社 学芸みらい社 （担当：横山）
〒162-0833 東京都新宿区箪笥町43番 新神楽坂ビル
TEL 03-5227-1266　FAX 03-5227-1267
http://www.gakugeimirai.jp/
e-mail info@gakugeimirai.com